공부 잘하는 아이는
읽기머리가 다릅니다

어휘, 추론, 요약, 독해를 배우는 초등 읽기 기술

공부 잘하는 아이는 읽기머리가 다릅니다

오현선 지음

온더페이지
on the page

우리 아이를 잘 읽는
아이로 키워주세요

왜 잘 읽는 아이가 어디에서든 무엇을 하든 좋은 성과를 낼까요? 읽기는 정보를 이해하고 분석하는 핵심 능력이자 학습과 문제 해결의 기초이기 때문입니다.

저는 독서 교육 현장에서 일하고 있습니다. 초등 독서 수업부터 중고등 국어 내신 수업까지 폭넓게 가르치다가 현재는 초등 독서와 읽기 교육에 매진하고 있는데요. 초등에 집중하게 된 이유가 있습니다. 책을 비롯해 어떤 텍스트든 글을 못 읽는 아이가 여전히 많고, 그 심각성이 점점 커지고 있기 때문입니다. 특히 글을 읽지 못하게 되는 시기가 점점 더 어려진다는 사실, 즉 초등 저학년까지 내려오고 있다는 것을 어느 날 문득 깨달았습니다.

예전에 중고등학생들을 대상으로 국어 내신 수업을 할 때, 저는 국어 교과서 지문을 토대로 '이해시키기' 위한 수업을 진행했습니다. 시, 현대 문학, 고전 문학, 수필, 비문학 할 것 없이 일단 '텍스트'를 마주한 학생들의 모습은 뚜렷하게 둘로 나뉘었습니다. 바로 '이해하는 아이'와 '이해하지 못하는 아이'입니다.

이해하는 아이는 텍스트의 종류에 따라 차이가 있긴 했지만 국어 교사나 독서 교사(읽기 교사)의 지도를 조금만 받아도 웬만한 건 충분히 이해했습니다. 어려운 부분이 있으면 어떻게든 방법을 찾아 결국 이해해 내며 학습을 심화해 나갔죠.

반면 이해하지 못하는 아이는 어떤 텍스트든 거의 이해하지 못했습니다. 곁에서 교사가 텍스트를 분석해 줘도 이해하는 데 한계가 있었지요. 모르는 단어나 배경지식을 찾아보려 하지 않고, 읽기·독해 전략 등 다양한 방법을 알려줘도 대부분 어렵다거나 모른다고만 했습니다.

이렇게 두 부류의 학생들이 보이는 차이는 명확했습니다. 결국은 '읽기 능력'의 유무에 달려 있다는 것이죠. 읽기 능력은 듣기, 말하기, 읽기, 쓰기 능력을 아우르는 언어 능력 중에 한 가지입니다. 언어 능력은 가정에서 어릴 때부터 저금하듯 차곡차곡 쌓이며 발전하는 거라서 학교와 학원의 역할이 제한적일 수밖에 없어요.

이 두 부류의 학생들은 자기주도학습이나 학원 수강 방식에서도 뚜렷한 차이를 보입니다. 잘 읽는 아이는 학원을 많이 다니지 않습니다. 어느 과목이든 잘 이해할 수 있는 독해력을 기본적으로 갖추고 있어서 대부분 자기주도학습을 하고 학원을 최소한으로 다니거나 온라인 강의로 부족한 부분을 보완합니다.

반면에 잘 못 읽는 아이는 예상대로 학원에 메여 삽니다. 읽기 이해도가 낮기 때문에 전반적으로 과목 성적이 부진한데, 그걸 해결하려고 학원을 많이 다니는 겁니다. 그러다 보니 근간이 되는 읽기 능력을 키우는 데 시간이나 에너지를 투자하지 못해 성적은 더 떨어지고 학원에 더 의존하는 악순환을 겪을 수밖에 없습니다. 심지어 그렇게 고생해도 근본 문제가 해결되지 않아 결과도 좋지 못합니다.

저는 현장에서 후자의 상황을 많이 목격합니다. 그래서 초등학생의 읽기와 쓰기에 막중한 책임감을 느끼며 '잘 읽는 아이'로 성장하도록 애쓰고 있는데요. 사실 그리 쉽지만은 않습니다.

이 책은 초등학생의 언어 능력 중 하나인 '읽기 능력'을 향상하는 방법을 소개합니다. 아이와 삶을 함께하는 부모가 아이의 읽기 능력 향상에 도움을 주어야 한다는 점을 강조하고자 합니다.

　많은 사람이 읽기 능력 향상을 위해 독서를 강조합니다. 뒤에서 설명하겠지만 꼭 그런 것은 아닙니다. 이 책은 독서를 즐기는 것과 읽기를 잘하는 것이 서로 다른 개념임을 설명하며 시작합니다. 여기에 아이의 개별 특성에 맞는 읽기 능력 향상법, 효과적인 독서법, 그리고 요즘 점점 위기라고 생각되는 추론 능력을 키우는 법 등을 담았습니다. 또한 책 외에도 방법을 찾을 수 있도록 다양한 매체를 읽는 법까지 상세히 소개합니다.

　현장에서 초등학생을 만나 두어 달 읽기와 쓰기 수업을 하다 보면 저는 그 학생이 장차 중고등학교에서 어떻게 공부할지, 특히 언어와 직결된 국어 과목의 성적이 어느 정도일지 가늠할 수 있습니다. 현재의 읽기 능력이 아닌, 그 아이가 처한 '언어 환경'을 통해서 말입니다. 이 책을 통해 각 가정의 언어 환경을 점검하고 아이에게 필요한 부분을 채워줄 수 있기를 바랍니다.

　읽기의 힘을 믿어보세요. 결국 잘 읽는 아이가 어디에서든 좋은 성과를 보일 테니까요.

오현선

차례

PART 2

읽기 지능을 높이는 읽기 기술

PART 3

읽기 지능을 높이는 독서 전략

PART 4

다양한 읽을거리, 어떻게 읽을까?

PART 1

이제 읽기 지능을

키워야 할 때

  ?!

책을 좋아하는 것과
잘 읽는 것은 다르다

저는 25년 차 독서 교사입니다. 작가, 강사, 독서 교사, 사업가, 교육학 석사 등 저를 나타낼 수 있는 말이 많지만 '독서 교사'라는 말을 가장 좋아해서 자주 쓰지요. 학부모에게 익숙한 용어로는 독서 논술 선생님, 독서 학원 선생님, 논술 선생님이라 할 수 있겠네요. 또한 제가 하는 일의 본질을 반영해 표현하자면 읽기 지도 교사, 독서 교사, 글쓰기 선생님 등으로 말할 수 있겠습니다.

이렇게 제가 저의 직업을 여러 가지로 표현한 이유가 있습니다. 이를 하나로 묶어 '독서 교사'로 통칭하자면, 독서 교사의 가장 큰 역할은 '독서' 지도입니다. 다시 말해 아이들을 책 읽기를 즐기는 사람으로 자랄 수 있게 안내하는 것이 제 역할입니다. 보다 궁극적인 목표는 책을 좋아하면서도 능숙하게 읽을 수 있는 사람으로 키워내는 것입니다.

그런데 독서 교육 현장에서 만난 아이들은 독서 유형에 따라 읽기 능력이 서로 달랐습니다. 따라서 읽기 능력 향상 방법을 소개하기에 앞서 다양한 독서 유형과 읽기 능력을 살펴보겠습니다.

📖 우리 아이 독서 유형

1. 독서를 즐기지만 잘 못 읽는 유형

이런 유형의 아이들은 어릴 때부터 이런저런 책을 가까이했기 때문에 자리에 앉아 책을 펼치고 읽는 게 자연스럽습니다. 학부모도 우리 아이는 책을 좋아한다고 표현합니다. 그런데 중학년 이상으로 올라갈수록 그동안 읽은 것에 비해 어휘력이나 읽기력이 부족한 모습을 보이는 경우가 있죠. 부모는 그제야 무엇이 문제였는지 되짚어 보지만 답을 찾기가 쉽지 않습니다.

2. 독서를 즐기지 않지만 잘 읽는 유형

이런 유형의 경우, 아이와 부모 모두 책을 딱히 즐기지 않습니다. 어릴 때부터 읽은 책이 그리 많지 않을뿐더러 인생 책이라 부를 만한 애착 도서도 없거나 한두 권에 그칩니다. 그런데 흥미롭게도 읽기 자료를 주면 대부분 잘 읽고 이해해 냅니다. 또한 책을 좋아하는지 물으면 좋아하지도 싫어하지도 않는다고 답하는 경우가 많죠. 국어 성적이 우수한 편이며 학습 의지가 있어 공부에 전념한다면 중고등학교까지 좋은 성적을 유지할 수 있습니다.

3. 독서를 즐기지도 않고 잘 못 읽는 유형

어릴 때부터 독서를 즐기지 않고 읽기 능력도 학년 수준에 비해 약간 부족한 유형입니다. 이 유형에는 부모가 영유아기부터 책 육아를 하며 많이 애썼지만 아이가 좀처럼 책의 세계로 진입하지 못한 경우도 있습니다. 이런 경우에는 저학년까지 부모의 노력으로 독서량도 많고 잘 읽는 듯하지만 스스로 독서를 해야 하는 고학년이 되면 결국 잘 읽지 못합니다. 부모의 잘못된 지도 방향으로 아이가 책을 싫어해 더욱 못 읽게 되는 안타까운 사례도 있습니다.

반대로 부모가 신경을 쓰지 못해 독서 경험이 부족한 경우도 있습니다. 독서 경험이 절대적으로 부족하다는 것은 독서를 포함한 듣기, 말하기, 읽기, 쓰기 등 언어 교육에 대한 총체적 인식이 부족했다는 뜻일 수 있습니다. 다시 말해 영유아기부터 듣기와 말하기 자극이 부족했을 가능성이 높으며, 그러면 나이에 맞는 읽기 능력을 갖추기가 어렵습니다.

이런 유형의 아이들은 일상 대화에서도 문제가 많이 보입니다. 예컨대 상대방 말의 의도를 파악하지 못해 여러 번 되묻거나 어휘의 뜻을 잘못 이해해서 엉뚱하게 답합니다. 한마디로 '말귀를 못 알아듣는' 것인데요. 대화할 때는 상대방의 말에 핵심이 다 담겨 있지 않아도 몸짓, 표정, 목소리 등 비언어적 요소까지 고려해 눈치와 센스로 파악해야 하는 경우가 있는데, 이에 대한 민감성이 떨어지면 여러 번 질문하게 됩니다. 그러면 대화의 질이 떨어지고 공동체 생활에서는 친구들의 질타를 받을 수 있습니다.

4. 독서를 즐기며 잘 읽는 유형

마지막으로 독서를 즐기며 읽기도 잘하는 유형입니다. 이 유형에 속하는 아이들은 부모의 노력과 관계없이 어릴 때부터 활자에 관심이 많고 책만 보이면 자연스럽게 훑어보곤 했습니다. 또한 시간이 날 때마다 책을 꺼내 읽으며 책을 펼치는 데 부담을 느끼지 않죠. 읽기 능력이 좋아서 해당 학년의 읽기 자료도 잘 읽어내고, 읽은 내용을 바탕으로 해야 하는 과제도 잘 수행합니다. 국어 성적도 대체로 우수하지요. 더불어 영어와 수학 등 언어 능력이 기초가 되는 다른 과목도 스스로 잘 공부하는 편입니다.

네 가지 유형을 간단히 표로 정리하면 다음과 같습니다.

💡 네 가지 독서 유형으로 살펴본 아이의 특징

1. 독서를 즐기지만 잘 못 읽는 유형	2. 독서를 즐기지 않지만 잘 읽는 유형
어릴 때부터 독서를 즐겼지만 고학년이 되면서 읽기 능력과 어휘력이 부족해짐.	어릴 때는 독서를 즐기지 않았고 읽기 량도 적었으나 읽기 능력이 괜찮고 국어 성적도 우수함.
3. 독서를 즐기지도 않고 잘 못 읽는 유형	**4. 독서를 즐기며 잘 읽는 유형**
독서를 즐기려 했는데 실패했거나 잘못된 독서 지도로 책을 싫어하게 된 경우로 일상 대화의 이해도가 떨어짐.	어릴 때부터 활자에 관심이 많아 독서를 해왔으며 읽기 능력이 뛰어나고 과목들의 성적이 전반적으로 우수함.

📕 책을 좋아한다고 해서 꼭 잘 읽는 건 아닌 이유

제가 독서 교육을 하면서 만난 아이들을 이렇게 네 가지로 구분한 이유는 통념으로 받아들여지는 '책을 좋아하면 뭐든 잘 읽는다'나 '책을 좋아하면 공부를 잘한다'는 사실이 완전한 진리가 아님을 말하기 위해서입니다. 그렇다면 독서 형태가 비슷한 아이들 사이에서도 왜 읽기 능력에 차이가 날까요? 이제부터 방금 말한 네 가지 유형마다 그 이유를 자세히 설명하겠습니다.

1. 독서를 즐기지만 잘 못 읽는 유형

이 유형의 아이는 독서를 즐기지만 활자보다는 이미지나 삽화 중심의 책을 대체로 선호합니다. 특히 지식정보책 중에서도 이미지가 주를 이루고 텍스트는 이미지를 설명하는 캡션 형태로 된 책들을 주로 읽습니다. 부모는 흔히 '책을 좋아한다'고 표현하는데, 틀린 말은 아니지만 아이의 독서 행위가 실제 '읽기'와는 차이가 있을 수 있습니다. 그래서 저학년과 중학년까지는 문제없어 보이다가 고학년이 되어서야 그동안 책을 읽은 시간에 비해 읽기 능력이 부족하다는 것을 발견하게 됩니다.

또한 이 유형의 아이들은 독서를 즐기기는 하지만 자신의 읽기 수준보다 낮거나 이야기가 단순한, 즉 인지적 노력이 적게 드는 쉬운 책을 주로 읽습니다. 비슷한 소재나 주제의 책만 반복해서 읽는 경우도 여기에 해당합니다.

2. 독서를 즐기지 않지만 잘 읽는 유형

이런 아이들은 관찰 결과 대체로 언어 지능이 높았습니다. 미국의 심리학자인 하워드 가드너는 인간의 지능이 서로 독립적인 여덟 가지 유형, 즉 언어 지능, 논리-수학적 지능, 공간 지능, 신체-운동적 지능, 음악 지능, 개인 내 지능, 자연주의적 지능, 대인관계 지능으로 구성된다고 주장했습니다. 이 중 언어 지능이 높은 아이들은 평소에 독서를 즐기지 않았어도 언어 감각이 있기 때문에 읽기 능력이 좋습니다. 국어 과목이라면 공부를 많이 하지 않아도 시험을 잘 보거나 답이 헷갈렸다는데도 점수가 높게 나오는 경우가 많죠. 또한 텍스트에 대한 거부감이 없어서 과제 독서가 주어져도 잘 수행하는 편입니다.

3. 독서를 즐기지도 않고 잘 못 읽는 유형

어떠한 이유로든 영유아기부터 책이라는 물성 있는 매체를 충분히 경험하지 못했거나 언어 자극이 부족해 독서를 즐기지 못한 경우에 이런 유형이 많습니다. 앞서 말한 대로 부모의 잘못된 독서 지도로 후천적으로 활자와 책을 싫어하게 되는 경우도 있습니다. 안타깝게도 언어 지능도 높지 않아서 그야말로 '들어오는 것이 없어 나오는 것도 없는' 상태입니다. 당연히 글을 읽고 이해하는 데 익숙하지 못하죠. 글을 읽고 해결해야 하는 과제가 주어지면 당황하거나 집중력이 흐트러지기도 합니다.

4. 독서를 즐기며 잘 읽는 유형

우리나라 입시 체계 관점에서 본다면 가장 유리한 유형입니다. 독서를 즐기는데 잘 읽기까지 해서 정서 능력과 인지 능력을 모두 풍성하게 키울 수 있기 때문입니다. 언어 지능이 높아 자연스럽게 활자와 친해져서 이것저것 가리지 않고 읽다 보니 읽기 능력이 날로 향상합니다. 또는 언어 지능은 높지만 책은 좋아하지 않았는데 부모의 노력이나 어떤 계기로 책을 즐겨 읽으면서 언어 지능이 더 자극받아 읽기 능력이 높아지기도 합니다.

이제 '독서를 즐기는 것'과 '잘 읽는다는 것'이 왜 일치하지 않는지 이해했나요? '독서를 좋아하니 어떻게든 되겠지'라는 애매한 안도감을 느낄 필요도, 반대로 '책을 안 좋아하는데 어쩌지?'라고 막연한 불안감을 느낄 필요도 없습니다. 다시 말해 아이를 잘 읽는 사람으로 키워내려면 현재 상황을 잘 관찰해서 어떻게 도와줄지 고민하고 실천하는 것이 중요합니다.

이를 위해 저는 '읽기 지능'이라는 개념으로 독서 교육을 설명

 네 가지 독서 유형으로 살펴본 독서 취향

1. 독서를 즐기지만 잘 못 읽는 유형	2. 독서를 즐기지 않지만 잘 읽는 유형
읽기 능력이 낮고 이미지나 삽화 중심의 책 또는 자신의 읽기 수준보다 낮거나 쉽게 읽히는 책을 주로 읽음.	타고난 언어 지능이 높아 독서량이 부족해도 읽기 능력이 좋고 과제 독서도 거부감 없이 해냄.
3. 독서를 즐기지도 않고 잘 못 읽는 유형	4. 독서를 즐기며 잘 읽는 유형
언어 지능이 낮고 언어 자극도 부족해서 읽기 능력이 낮으며 읽어서 수행해야 하는 과제를 어려워하고 잘 못함.	언어 지능이 높아 자연스럽게 독서를 해왔거나 부모의 노력으로 독서에 거부감이 없고 읽기 능력도 높음.

하고자 합니다. '읽는 것' 자체는 자연스럽지 않더라도 반복 훈련으로 해결할 수 있습니다. 문해력은 한글 습득으로 시작되며, 자라면서 읽기 경험을 얼마나 했느냐에 따라 읽기 능력에 차이가 생깁니다. 그리고 읽기에 들인 노력으로 타고난 언어 지능을 넘어선 '읽기 지능'이 만들어지지요. 읽기 지능을 높일 수 있는 방법들을 이 책에서 안내하겠습니다.

　마지막으로 한 가지 더 말하고 싶은 점이 있습니다. 25년째 아이들의 독서와 읽기를 지도하며 관찰한 결과, 앞서 말한 네 가지 유형에서 보듯이 아이의 읽기 능력은 부모의 노력과 꼭 비례하지 않습니다. 그러니 그 문제로 크게 자책할 필요는 없습니다. 다만 노력은 계속해야 합니다. 사람이 살아가면서 무언가를 읽지 않을 수 없듯, 읽기 지능은 곧 생존 지능이기 때문입니다.

읽기 지능은 무엇이고
왜 필요할까?

📖 읽기 지능이란?

읽기 지능은 제가 25년째 아이들과 독서 교육을 진행하면서 필요
성을 느껴 도입한 개념입니다. 한마디로 말해서 '잘 읽어내는 능
력'으로 읽기 능력과 직결됩니다. 읽기 지능은 정확히 말하면 '낯
선 글도 읽고 이해하는 능력'이고, 좀 더 자세히 풀어내자면 '낯설
고 어려운 글도 당황하지 않고 읽고 이해하려는 능력'입니다. 정

리하자면 '글을 다루는 능력'이라고 하겠습니다.

우리는 평소 다양한 글을 접합니다. 책뿐만 아니라 신문 기사, 안내문, 교과서의 글, 광고문, 다양한 온라인 게시글 등이 있지요. 이런 글은 모두 낯선 글, 다시 말해 처음 보는 글입니다. 각자 관심사에 따라 많이 읽어온 글이라면 문법에 익숙하겠지만 내용 자체는 대부분 처음이지요. 이런 글을 읽을 때 누군가 옆에서 독해해주지 않습니다. 즉 스스로 읽고 이해해야 합니다. 아이가 학과 공부를 해내고 장차 성인이 되어 글을 읽고 필요한 일을 수행하려면 결국 읽기 지능이 필요합니다.

📖 읽기 지능이 필요한 이유

이처럼 읽기 지능은 현대 사회를 살아가는 데 꼭 필요한 핵심 능력 중 하나입니다. 그렇다면 읽기 지능이 구체적으로 어떤 역할을 하고 왜 필요한 능력인지 자세히 살펴보겠습니다.

1. 학습 효과를 높인다

우선 우리나라 입시 이야기를 빼놓을 수 없는데요. 특히 수능 언어 영역의 지문은 읽기 지능을 활용해 풀어내야 하는 대표적인 예입니다. 대학 진학을 목표로 한다면 피할 수 없는 관문이죠. 하지만 그보다 교과서와 다양한 학습 자료를 읽고 이해하는 능력을 키우는 게 먼저입니다. 공부는 결국 스스로 해야 성과가 나는데, 그 첫 단계가 '읽고 이해하는 것'이기 때문입니다.

2. 일상생활의 기본이다

읽기 지능이 필요한 두 번째 이유는 일상생활에서 찾을 수 있습니다. 우리는 매일 다양한 글을 만나고 필요에 따라 읽고 이해해서 행동으로 옮겨야 할 때가 많습니다. 물건을 구매하는 소소한 일부터 계약과 같은 중요한 결정까지 잘 생각해 보면 일상의 거의 모든 일은 글을 판단하고 처리해야 가능합니다. 글을 제대로 이해하지 못하면 잘못된 판단을 내리거나 일을 그르칠 수밖에 없지요.

3. 비판력을 길러준다

세 번째 이유는 비판력을 높이기 위해서입니다. 글을 처음 접할 때는 수용하는 단계로 시작하지만 점차 다양한 글을 접하면서 글마다 글쓴이의 의도와 가치관이 있음을 알게 됩니다. 이때부터 자연스럽게 글의 내용을 비판적으로 바라보는 힘이 커지고, 나아가

자기만의 관점을 갖게 되지요. 이 관점이 곧 모든 생활 영역에서 비판력을 갖게 만듭니다.

그렇다면 이 비판력이 왜 필요할까요? 지금 우리는 정보사회의 탈을 쓴 비정보사회에 살고 있습니다. 다시 말해 누구나 콘텐츠를 생산할 수 있는 시대라서 정보량이 많아졌지만 정보의 정확성에는 빨간불이 커졌죠. 문제는 우리 아이들도 스마트기기를 통해 무분별한 정보에 노출되어 있다는 것입니다. 즉 부모라면 아이가 스스로 정보를 잘 판단할 수 있게 비판력을 길러주어야 합니다.

4. 주체성과 존엄성을 높여준다

읽기 지능이 필요한 마지막이자 가장 큰 이유는 글을 많이 읽어 읽기 지능이 높은 사람일수록 주체성이 강하다는 점입니다. 주체성은 단순히 먹고사는 것을 넘어서 한 인간으로서 존엄성을 획득하며 살아가는 데 필수입니다. 글을 읽다 보면 자기 견해가 확장되어 자신만의 관점이 확립됩니다. 진정한 자신만의 생각을 갖게 되는 것이죠. 매일 해야 하는 일 속에 파묻혀 수동적으로 살아가면 자기 생각을 잃고 다른 사람의 생각에 휩쓸리기 쉽습니다.

저는 현장에서 매일 아이들을 만나다 보니 이를 더욱 절감하고 있는데요. 많은 아이가 사회에서 은연중에 주입하는 삶의 공식에 갇혀 있습니다. 초등학교 3학년만 되도 '공부가 인생의 전부이고, 공부를 못하면 인생이 망하며, 공부를 잘해야 부와 성공이 보장된다'는 논리를 절대적 가치관처럼 받아들입니다. 결국 행복의 조건은 오로지 돈이며 그러려면 공부를 잘해야 하는데, 만약 공부를 못한다면 건물주가 되어야 하고 그렇게는 못 될 것 같으니 이번 생은 망한 것 같다는 말을 아무렇지 않게 하는 아이들을 볼 때마다 정말 가슴이 아픕니다.

생각할 수 있는 인간으로 태어났는데도 사고가 꽉 막힌 채 살아간다는 것만큼 안타까운 일이 또 있을까요? 한 가지 논리에만 매몰되어 사고가 막혀 있으면 삶을 보는 관점이 편협해져서 자신의 가능성을 발견하지 못해 더는 발전하지 못합니다. 우리가 아이들에게 주어야 하는 것은 '공부만이 성공의 길'이라는 단편적인 논리가 아니라 자기 삶에 대한 기대와 긍정, 그리고 무한한 가능성을 매일 새기게 할 수 있는 희망이 아닐까요?

이와 같이 읽기 지능의 필요성을 자세히 살펴보았는데요. 결국 읽기 지능은 학업 성취도를 넘어 자신의 길을 잘 찾아갈 수 있게 도와주는 능력입니다. 따라서 어릴 때부터 반드시 갖춰야 할 핵심 능력이라고 할 수 있습니다.

논란의 중심인 독서,
반드시 해야 할까?

독서가 학습의 기본이라는 말을 자주 들어봤을 텐데요. 앞서 말했
듯이 읽기 능력은 학업 성적뿐만 아니라 살아가는 데 매우 중요
한 능력인데, 보통 독서가 읽기 능력 향상에 도움이 된다고 알려
져 있습니다. 수많은 전문가가 '초등학생 때는 그 어떤 공부보다
독서가 중요하다'라고 주장하니 그 말을 자주 듣는 학부모도 자연
스럽게 그렇다고 생각하는 경우가 많아요. 실제로 제가 독서 교육
강의를 다니다 보면 강연장을 찾는 사람 중에 '독서가 기본이고

중요하다'는 생각을 이미 가지고 있는 경우가 다수입니다. 그래서 독서의 힘을 믿고 있다는 것을 전제로 강의를 진행한 적이 많죠.

그런데 오랫동안 여러 학부모와 상담하고 이야기를 나누면서 놀라운 사실을 하나 알게 되었습니다. 정작 독서가 기본이라거나 중요하다고 생각하지 않는 부모가 많았던 겁니다. 이게 무슨 말도 안 되는 소리냐고 할지도 모르겠지만 좀 더 자세히 설명해 보겠습니다.

📖 독서의 중요성을 안다는 착각

만약 독서가 모든 것의 기본이자 중심이라고 생각한다면 부모는 아이 생활의 많은 부분을 독서로 채워야 합니다. 그리고 부모도 그렇게 독서가 중요하다고 하니 스스로 책을 읽으려고 노력하겠죠.

특히 아이의 읽기 지능이 부족하다고 판단된다면 모든 것을 제쳐두고 독서에 집중해야 하는데 대부분의 부모는 그렇게 하지 않습니다. 영어와 수학에 더 집중하고 영어·수학 학원과 독서 학원의 시간이 겹치면 독서 학원을 그만두는 경우가 더 많습니다. 읽기 지능이 부족한 상태로 하는 공부는 돌도끼로 건물을 세우려는 것과 같습니다. 하지만 많은 부모는 아이의 읽기 지능이 떨어진다는 사실을 발견해도 어떻게든 건물이 세워질 거라는 생각으로 영어와 수학에 집중합니다.

보통 이런 경우 부모들은 '중요한 건 알지만 어쩔 수 없다'라고 말합니다. 이 말에는 '독서는 애매해서 잘 모르겠고 영어와 수학이 더 급하니 그것부터 하겠다'라는 의미가 숨어 있습니다. 한마디로 많은 부모는 여기저기서 독서의 중요성을 자주 듣다 보니 '안다'고 착각할 뿐 진정으로 그 뜻을 이해하지는 못합니다. 이것이 제가 독서 교육을 오래 해오며 깨달은 뼈아픈 진실입니다.

📖 독서의 중요성이 논란이 되는 이유

학부모의 마음을 이해 못하는 것은 아닙니다. 독서는 사실 애매한 부분이 많습니다. 당장 눈에 보이는 결과물도 없고요. 아이가 책을 좋아하는 것 같아도 막상 국어 점수가 안 나오면 의구심이 듭니다. 책을 많이 읽은 아이가 어휘력이 부족해 보일 때도 독서 효과를 의심할 수밖에 없죠.

그래서 이 글을 시작하기에 앞서 제목을 '논란의 중심인 독서'

라고 한 것입니다. 겉으로는 대부분 독서가 기본이라고 암묵적으로 동의하지만 부모의 마음 깊은 속에서는 독서를 두고 항상 '논란'이 벌어질 수밖에 없으니까요. 그래서 저는 강연장에서 가끔 농담처럼 '독서의 중요성을 정말 믿나요?'라고 묻습니다.

정리하자면 많은 부모가 자녀가 책을 읽게끔 노력하지만 생각보다 독서에 애매한 점이 많다는 걸 깨닫고는 다른 중요한 것 뒤로 미룹니다. 더 큰 문제는 독서에 대한 믿음을 흔드는 세 가지 결정적인 요인입니다. 바로 '독서를 안 했는데 공부를 잘하는 옆집 또래 아이' '독서를 안 했는데 명문대에 갔다는 유튜브 영상 속 인물' 그리고 '수능에 독서가 큰 영향을 주지 않는다는 일부 교육 유튜버의 단언'입니다.

세상 어딘가에는 독서를 하지 않고도 수능을 잘 봐서 대학에 잘 가는 학생이 분명히 있습니다. 이해하기 쉽게 '읽기 지능 컵'이라는 그림으로 설명해 보겠습니다. 앞서 언어 지능에 대해 잠깐 언급했듯이 언어 지능의 차이로 인해 같은 독서를 해도 읽기 지능은 다를 수밖에 없습니다.

컵에 가득 찬 물을 우리나라에서 공부하고 수능을 치르며, 또 살면서 필요한 글을 읽고 이해하기 위한 최소한의 읽기 지능이라고 해보겠습니다. 이 읽기 지능에 도달하기까지, 즉 컵을 가득 채

우기까지는 이미 가지고 있는 언어 지능이 큰 영향을 미칩니다.

왼쪽의 컵처럼 언어 지능이 비교적 높은 아이는 읽기 지능에 도움이 되는 독서, 말하기, 읽기와 어휘 문제집 또는 독해 문제집 풀기를 최소한으로 하거나 때로는 하지 않아도 됩니다. 반면 언어 지능이 부족한 아이는 읽기 지능을 키우는 데 시간과 에너지를 상대적으로 더 써야 하죠. 또한 그 어떤 공부보다 이것을 우선해야 합니다.

📖 언어 지능이 낮을수록 중요한 독서

그럼 이쯤에서 자녀의 언어 지능은 어느 정도일까 궁금할 텐데요. 언어 지능이 부족한 아이는 상대방의 말을 잘 못 알아듣고, 글 읽기 활동을 유난히 싫어하거나 실수가 많으며, 말로 표현하는 능력도 부족합니다. 쓰기 또한 학년 수준에 미치지 못하는 편이죠. 독서에 흥미를 높이기 위해 많이 노력해도 좀처럼 책과 가까워지지 못합니다. 한마디로 일상에서 듣기, 말하기, 읽기, 쓰기 활동 전반에 부족함을 보입니다.

이렇듯 타고난 언어 지능의 차이 때문에 상대적으로 독서를 많이 하지 않아도 공부를 잘하는 아이가 있는 것인데요. 입시를 목적으로 운영되는 일부 고등부 학원은 일명 입학 테스트 또는 레벨 테스트를 통해 '이미 될 성싶은 학생'을 주로 만납니다. 다시 말해 독서를 많이 하지 않았어도 언어 지능이 높아 공부에 성과를 내는 학생을 자주 보다 보니 '독서를 하지 않아도 된다'고 주장하는 것입니다.

그런데 저는 이미 될 성싶은 학생이 아닌 저마다 다른 언어 지능을 가지고 태어난 학생들을 많이 만납니다. 학생마다 언어 지능을 채우는 데 필요한 양이 제각각이고, 특히 언어 지능이 절대적으로 부족한 초등학생도 많이 만나다 보니 '독서를 하지 않아도 된다'는 주장이 너무 섣부르고 무책임하다고 생각할 수밖에 없습니다. 그 주장에 위안을 얻어 '그래, 독서를 안 해도 된다니 마음이 한결 편하다'라는 학부모를 볼 때면 안타까움이 이루 말할 수 없죠.

언어 지능이 높은 아이라면 그나마 다행이지만 언어 능력이 부족해 누구보다 독서에 더 많은 노력을 기울여야 하는 상황이라면 이는 완전히 잘못된 접근입니다. 게다가 보통 언어 지능이 낮은 아이는 활자를 좋아하지 않아 스스로 책을 찾아 읽지 않습니다. 그래서 책 읽기로 아이와 씨름해 본 부모에게는 그 말이 더 달콤하게 들릴 수 있는데요. 그럴수록 섣부른 조언을 더욱 경계하고 아이를 잘 관찰해서 필요한 도움을 주어야 합니다.

이제 독서가 왜 논란이 될 수밖에 없는지, 전문가마다 말이 왜 다른지, 그리고 부모 마음속에서 독서가 계속 논란일 수밖에 없는지도 이해했을 것입니다. 마지막으로 한 가지 더 말하고 싶은 점이 있습니다.

언어 지능과 읽기 지능에 관련해 학부모들의 끊이지 않는 질문이 있습니다. 어휘 문제집을 몇 학년부터 해야 하거나 안 해도 되는지, 독해 문제집을 해야 하는지 말아야 하는지, 그리고 독서

논술 학원을 언제부터 다녀야 하는지 등인데요. 앞서 설명한 그림
에서 떠올릴 수 있듯 아이를 모르는 사람에게서는 이 질문의 답을
얻을 수 없습니다. 다시 한번 강조하지만 아이마다 언어 지능과
읽기 지능을 키우는 데 필요한 양이 다르므로 아이의 개별적 특성
을 잘 관찰해 부족한 부분을 채워주어야 합니다.

읽기 지능을 높이면
성적이 좋아질까?

여기까지 읽었다면 타고난 언어 지능을 바탕으로 읽기 지능을 높이면 공부가 알아서 해결되고 학업 성적이 오를 거라는 기대가 생겼을 수 있습니다. 하지만 고려해야 할 요소가 하나 더 있습니다. 읽기 지능이 공부에 큰 영향을 미치는 것은 분명하지만 공부를 잘하기 위한 유일한 조건은 아니라는 점이죠. 그렇다면 공부를 잘하는 데 필요한 요소들에는 무엇이 있을까요? 차근차근 살펴보겠습니다.

📔 공부 잘하는 아이들의 특징

초등학생, 중학생, 고등학생으로 공부 잘하는 아이들의 특징을 구분해 설명하자면 다음과 같은 경우에 공부를 잘할 가능성이 높습니다.

초등학생

초등학생은 읽기 지능이 높지 않아도 어른들 말씀을 잘 듣고 따르면 공부를 잘할 가능성이 비교적 높습니다. 초등학교 교과 내용은 크게 어렵지 않아서 개인의 공부 의지나 능력보다는 어른이 세운 계획 안에서 공부하는 시간이 더 중요합니다.

중학생

중학생은 이해력과 읽기 지능이 공부 성과와 직결됩니다. 국어라면 초등학생 때와는 다른 수준의 작품을 읽고 이해해야 하므로 이해력과 읽기 지능이 필수입니다. 사회, 역사, 과학 등 다른 과목들도 (고등학교 교과에 비해) 기본적인 내용을 다루긴 하지만 초등학교 교과서처럼 친절하고 세세한 안내가 없어 기본적인 이해력과 읽기 지능이 필요합니다. 또한 기본 능력이 있더라도 많은 과목을 동시에 공부해야 하므로 이를 이겨낼 수 있는 학습 의지도 필요합니다.

고등학생

고등학생은 중학생에게 필요한 능력에 더해 많은 공부량을 감당할 수 있는 명확한 목표 의식이 필요합니다. 또한 자기주도학습을 통해 터득해 온 공부 기술도 갖추어야 합니다. 고등학생 때는 훨씬 세분화되고 심화된 내용을 배우며 정해진 시간에 많은 공부량을 소화해 내야 하기 때문입니다.

공부 잘하는 아이들의 학령별 특징

- **초등학생**: 어른 말씀을 잘 듣고 성실하게 학습지, 학원, 학교 공부를 수행한다. 어른 입장에서 보면 '착한' 학생이다.
- **중학생**: 이해력과 읽기 지능이 높고 학습 의지가 있다.
- **고등학생**: 학습 의지와 원하는 목표가 명확하고 공부하는 몸이 차근차근 만들어졌으며 읽기 지능이 높고 공부 기술도 터득했다.

자, 어떤가요? 우리나라에서 공부를 잘한다는 것은 결코 쉽지 않습니다. 게다가 수능 중심의 우리나라 교육 시스템은 즐기면서 배울 수 있게 설계되어 있지 않습니다. 학습 난이도가 비교적 낮은 초등학생 때까지는 부모의 의지와 노력으로 어느 정도 가능할지 몰라도 중고등학교에 가면 부모의 도움보다 학생의 능력이 중요합니다. 공부에 필요한 능력을 스스로 쌓아가면서 공부가 자신의 미래에 희망이 될 것이라 믿는 아이들이 공부를 더 잘할 수밖에 없습니다.

📖 공부를 잘하려면 읽기 지능도 필요하다

지금까지 초중고 학령별로 공부를 잘하는 데 필요한 요소들을 살펴보았는데요. 이것들을 다 갖추었더라도 공부력을 키우려면 한 가지를 더해야 합니다. 바로 '읽기 지능'입니다. 이해를 돕기 위해 이번에는 공부력 컵 그림으로 설명하겠습니다.

다음 그림에서 알 수 있듯 공부를 잘하려면 기본적으로 공부 기술, 공부 의지, 성실성이라는 '얼음'이 필요합니다. 여기에 읽기 지능이라는 '물'이 있어야 이 모든 것에 의미가 생깁니다. 물은 컵을 채우는 일부이지만 얼음을 녹이는 중요한 역할을 하기에 결국 가장 본질적인 요소입니다.

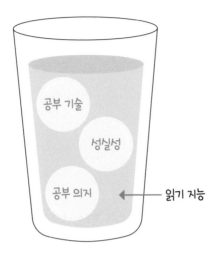

공부력 컵

공부 기술

성실성

공부 의지

읽기 지능

    이를 바탕으로 본다면 초등학생 자녀를 둔 학부모가 해야 할 일은 매우 명확합니다. 초등학생 때는 '읽기 지능 향상'을 우선순위로 두어야 합니다. 당연히 학습도 중요하지만, 그걸 잘할 수 있게 하는 본질인 읽기 지능에 관심을 가지고 아이가 읽기 지능 컵을 채울 수 있게 도와야 한다는 것이죠.

    한편 중고등학생 자녀를 둔 많은 학부모는 공부 문제로 고민이 많습니다. 아이가 공부를 하지 않거나 못하는 이유를 두고 학습 의지와 동기 부여 방법을 고민하곤 하는데요. 읽기 교육과 독서 교육을 연구하며, 또 이 능력이 부족한 아이들을 현장에서 보고 있는 제 입장에서는 동기 부여보다 읽기 지능이 더 중요합니다. 읽기 지능이 있어야 공부가 가능하고, 그래야 성과가 나와서 더 잘해야 하고 싶은 마음이 들기 때문입니다. 학습의 주체는 결국 아이입니다. 불가능한 영역으로 애태우고 고민하기보다 어른의 도움이 절대적인 초등학생 때 읽기 지능 향상에 최선을 다해주세요.

지금까지 공부를 잘하기 위한 하나의 수단으로서 읽기 지능의 필요성을 말했는데요. 읽기 지능과 공부의 상관관계를 충분히 이해했을 거라 생각합니다. 생각보다 복잡하고 고려해야 할 점이 많겠지만 두려워하지 말고 차근차근 아이를 도와주세요. 노력한 만큼 아이는 성장할 것입니다.

만약 아이가 공부에 뜻이 없어 다른 길을 가더라도 쌓아둔 읽기 지능이 쓸모없지는 않습니다. 앞서 이야기한 대로 읽기 지능을 키우는 목적은 입시에만 있지 않습니다. 어디서 무엇을 하며 살든 글을 잘 읽고 이해하는 능력은 어디선가 빛을 발하며 삶에 큰 영향을 주기 마련입니다.

학년별 읽기 지능 간단 평가

📖 학부모를 위한 읽기 활동 가이드

다음은 아이의 읽기 지능을 알아볼 수 있는 '초등학생 학년별 읽기 지능 진단지'입니다. 이야기글과 정보글 두 가지로 구성되어 있으니 모두 풀어보세요. 지면 관계상 간단한 지문과 문제만 실었으니 참고용으로만 활용하기 바랍니다.

지문을 읽고 나서 문제를 풀 때는 지문을 보지 말아야 합니다. 점수가 좋지 않다면 앞서 살펴본 '공부력 컵'을 참고해서 아이의 읽기 지능 향상을 우선 과제로 삼아주세요.

평가 기준

이야기글

- **5점 만점에 5점**: 읽기 지능이 뛰어나며 세부 내용까지 정확히 이해합니다.
- **5점 만점에 4점**: 읽기 지능은 우수하나 세부 내용 이해에서 간혹 실수를 보입니다.
- **5점 만점에 3점**: 주요 내용은 잘 이해하지만 세부적인 내용 파악과 기억력에 어려움이 있어 정확한 읽기 연습이 필요합니다.
- **5점 만점에 2점 이하**: 지문 이해에 어려움을 겪으므로 소리 내어 읽도록 지도하는 것과 곁에서 읽어주는 것을 반복적으로 해야 합니다.

정보글

- **4점 만점에 4점**: 읽기 지능과 세부적인 이해력이 매우 우수합니다.
- **4점 만점에 3점**: 읽기 지능이 높으며 주요 내용을 잘 파악하나 세부 내용에서 간혹 실수할 수 있습니다.
- **4점 만점에 2점**: 주요 내용은 잘 이해하지만 세부 내용 파악과 기억력에 어려움이 있어 정확한 읽기 연습이 필요합니다.
- **4점 만점에 1점**: 지문 이해에 어려움을 겪으므로 소리 내어 읽도록 지도하는 것과 곁에서 읽어주는 것을 반복적으로 해야 합니다.

읽기 지능 간단 진단지(이야기글)

지민이와 소연이가 학교에서 만났어요. 지민이는 파란색 가방을 메고 있었고, 소연이는 노란색 가방을 메고 있었죠. 두 친구는 함께 도서관에 가기로 했어요. 도서관에는 많은 책과 편안한 의자들이 있었어요. 지민이와 소연이는 책을 고르고, 읽고 웃으며 즐겁게 놀았어요. 얼마 지나서 두 친구는 집으로 돌아갔어요.

1. 지민이와 소연이는 어디에서 만났어요?
   ① 집
   ② 도서관
   ③ 학교

2. 지민이는 어떤 색 가방을 메고 있었어요?
   ① 빨간색
   ② 파란색
   ③ 노란색

3. 소연이는 어떤 색 가방을 메고 있었어요?
   ① 파란색
   ② 초록색
   ③ 노란색

4. 지민이와 소연이는 도서관에서 무엇을 했어요? (두 가지 이상 고르세요.)
   ① 책을 읽었다.
   ② 영화 관람을 했다.
   ③ 즐겁게 놀았다.
   ④ 게임을 했다.

5. 지민이와 소연이는 언제 집으로 돌아갔어요?
   ① 도서관에 가기 전에
   ② 도서관에서 놀고 난 후
   ③ 학교에서 만난 후

★ 부모님이 보세요.

정답: 1. ③ 2. ② 3. ③ 4. ①,③ 5. ②

우리 지구

지구는 우리가 살고 있는 행성이에요. 둥근 모양이고, 물과 땅으로 이루어져 있죠. 또한 넓은 바다와 광활한 숲이 있고, 파란 하늘에는 구름이 떠다닌답니다. 지구는 하루에 한 번 자전을 해서 낮과 밤이 바뀌고, 태양 주위를 공전하면서 계절이 변화해요. 그리고 다른 행성들과 함께 우주를 돌고 있어요.

1. **자전 때문에 무엇이 바뀌나요?**
   ① 계절
   ② 낮과 밤
   ③ 바람의 방향

2. **지구의 모양은 무엇인가요?**
   ① 평평하다.
   ② 둥근 모양이다.
   ③ 네모나다.

3. **광활한 숲은 무엇을 의미하나요?**
   ① 작은 정원
   ② 넓고 큰 숲
   ③ 바다

4. **지구가 왜 공전을 하나요?**
   ① 태양을 중심으로 돌아야 해서
   ② 별을 따라 돌아야 해서
   ③ 구름을 따라 돌아야 해서

★ 부모님이 보세요.
정답: 1. ② 2. ② 3. ② 4. ①

읽기 지능 간단 진단지(이야기글)

▸ 2학년

민수는 매일 학교에 가는 것을 좋아해요. 오늘도 학교에 가려고 아침 일찍 일어났죠. 그리고 학교 가는 길에 사탕가게 앞을 지나다가 새로 나온 초콜릿을 보았어요. 학교에서는 친구들과 함께 수업도 듣고 점심시간에 급식을 먹고 운동을 했죠. 오후에는 운동장에서 축구를 하며 즐겁게 놀았어요. 집에 돌아와서는 엄마에게 오늘 있었던 재미있는 일들을 이야기했답니다.

1. 민수는 학교 가는 길에 어느 곳을 지나쳤나요?
   ① 세탁소
   ② 운동장
   ③ 사탕가게

2. 민수는 학교 가는 길에 무엇을 보았나요?
   ① 새로운 책
   ② 새로 나온 초콜릿
   ③ 큰 나무

3. 점심시간에 민수는 무엇을 했나요?
   (두 가지 이상 고르세요.)
   ① 수업을 들었다.
   ② 급식을 함께 먹었다.
   ③ 운동을 했다.
   ④ 사탕을 먹었다.

4. 민수는 오후에 무엇을 했나요?
   ① 수업을 들었다.
   ② 책을 읽었다.
   ③ 운동장에서 축구를 했다.

5. 민수는 집에 돌아와서 누구에게 오늘 있었던 일을 이야기했나요?
   ① 친구
   ② 선생님
   ③ 엄마

★ 부모님이 보세요.
정답: 1.③ 2.② 3.②,③ 4.③ 5.③

48 | 공부 잘하는 아이는 읽기머리가 다릅니다

자전과 공전

지구는 두 가지 중요한 운동을 해요. 첫 번째는 자전이에요. 자전은 지구가 자기 자신을 중심으로 한 바퀴를 도는 운동이에요. 지구는 하루에 한 번 자전하면서 낮과 밤이 생겨요. 두 번째는 공전이에요. 공전은 지구가 태양을 중심으로 도는 운동이에요. 지구는 1년에 한 번 태양 주위를 돌면서 계절이 바뀌어요. 이렇게 자전과 공전은 지구의 기본적인 움직임을 만드는 아주 중요한 운동이에요.

1. 자전은 무엇을 의미하나요?
   ① 지구가 태양을 중심으로 돈다.
   ② 지구가 자기 자신을 중심으로 돈다.
   ③ 지구가 달을 중심으로 돈다.

2. 자전은 몇 시간에 한 번 일어날까요?
   ① 24시간
   ② 12시간
   ③ 1시간

3. 공전은 무엇을 의미하나요?
   ① 지구가 태양을 중심으로 돈다.
   ② 지구가 달을 중심으로 돈다.
   ③ 지구가 자기 자신을 중심으로 돈다.

4. 공전 때문에 무엇이 바뀌나요?
   ① 낮과 밤
   ② 계절
   ③ 바람의 방향

★ 부모님이 보세요.

정답: 1. ② 2. ① 3. ① 4. ②

윤정이는 여름 방학 동안 가족과 함께 캠핑을 떠났어요. 캠핑 장소는 다양한 동식물이 자생하는 외진 곳이었죠. 캠핑 첫날에는 텐트를 치고 캠프파이어를 즐겼어요. 밤하늘 아래에서 가족들과 별자리 이야기를 나누었답니다.

둘째 날에는 숲속을 탐험하며 식물과 나무를 관찰했어요. 가시가 많은 식물과 새싹이 자라나는 나무에 대해 많이 배웠어요. 오후에는 계곡에서 물놀이를 하고, 저녁에는 바비큐를 즐겼답니다.

셋째 날은 캠핑장 근처의 작은 마을을 방문해서 지역 특산물을 사고 마을 주민들과 이야기도 나누었어요. 전통 공예품도 구경하고 지역 축제 이야기도 들을 수 있었지요.

1. 윤정이와 가족은 캠핑 첫날 무엇을 했나요?
   ① 텐트를 치고 캠프파이어를 했다.
   ② 숲속을 탐험했다.
   ③ 마을을 방문했다.

2. 윤정이는 캠핑 중 어느 날에 별자리 이야기를 들었나요?
   ① 첫날 ② 둘째 날 ③ 셋째 날

3. 둘째 날 윤정이와 가족은 무엇을 했나요? (두 가지 이상 고르세요.)
   ① 숲속을 탐험했다.
   ② 바비큐를 먹었다.

③ 마을 사람들과 대화했다.
④ 물놀이를 했다.

4. 셋째 날 윤정이와 가족이 방문한 곳은 어디였나요?
   ① 큰 도시   ② 작은 마을
   ③ 다른 캠핑장

5. 셋째 날 윤정이는 작은 마을에서 무엇을 보았나요?
   ① 도자기
   ② 나무 조각
   ③ 직물 공예품
   ④ 전통 공예품

★ 부모님이 보세요.

정답: 1. ①   2. ①   3. ①, ②   4. ②   5. ④

기상과 기후

기상은 하루하루 변화하는 날씨를 말해요. 예를 들어 오늘은 비가 오고 내일은 맑을 수 있어요. 기상은 기온, 습도, 바람의 세기 등 여러 요소가 변하면서 나타납니다. 반면에 기후는 특정 지역에서 오랜 기간 동안 반복되는 날씨의 패턴이에요. 예를 들어 사막은 매우 건조하고 더운 기후이고, 북극은 추운 기후이죠. 기상은 짧은 시간 안에 변하지만, 기후는 수십 년 동안 크게 바뀌지 않아요.

1. 기상은 무엇을 의미하나요?
   ① 하루하루 변화하는 날씨
   ② 오랜 기간 동안 반복되는 날씨
   ③ 날씨의 패턴

2. 기후는 무엇에 대한 설명인가요?
   ① 하루하루의 날씨
   ② 특정 지역에서 오랜 기간 동안 반복
      되는 날씨 패턴
   ③ 갑자기 일어나는 날씨 변화

3. 기후가 건조하고 더운 지역은 어디인
   가요?
   ① 사막
   ② 북극
   ③ 열대 우림

4. 기상에는 어떤 특징이 있나요?
   ① 매우 오래 지속된다.
   ② 짧은 시간 동안 변한다.
   ③ 일정한 패턴을 따른다.

★ 부모님이 보세요.

정답: 1. ① 2. ② 3. ① 4. ②

민재는 새로 이사 온 동네가 무척 경이로웠습니다. 그 동네에는 고목 한 그루가 있었고, 민재는 신비로움을 느끼며 그 나무 아래에서 많은 시간을 보냈어요.

어느 날, 나무 아래에 앉아 책을 읽고 있던 민재는 근처에서 오래되어 빛바랜 상자를 발견했어요. 상자를 열어보니 노후된 마을의 모습이 담긴 사진들이 들어 있었죠. 민재는 사진을 하나씩 살펴보며 사진 속 마을이 자신이 살고 있는 마을과 매우 닮았다는 것을 깨달았어요. 지금과는 달리 더욱 원초적이고 고요한 마을의 모습을 보며 시공간을 초월한 듯한 묘한 느낌이 들었는데, 문득 사진 뒷면의 글귀가 눈에 들어왔어요. '이 나무는 마을의 운명을 지키는 나무이며, 이 나무의 힘을 알게 된 자는 마을을 다시 일으킬 수 있다.'

민재는 심장이 두근거렸어요. 그때 갑자기 회오리바람이 일더니 자연의 법칙을 거스르는 듯한 태풍이 불어닥치고 나무뿌리가 흔들리기 시작했어요. 그 순간 민재는 몸이 나무 속으로 쑥 빨려 들어가는 듯했고 눈앞에 사진 속 광경이 펼쳐졌습니다. 익숙하면서도 생경한 광경을 멍하니 바라보던 민재는 순간 정신을 잃었습니다.

1. 민재는 왜 고목 아래에서 시간을 많이 보냈을까요?
   ① 신비로움을 느껴서
   ② 친구를 기다려서   ③ 놀이터라서

2. 빛바랜 상자 속 사진에는 어떤 모습이 담겨 있었나요?
   ① 노후된 마을의 모습
   ② 100년 전 어느 마을의 모습
   ③ 이사 오기 전 마을의 모습

3. 민재가 사진 속 마을과 현재 마을을 비교하면서 느낀 감정은 무엇인가요?

   ① 경이로움   ② 혼란
   ③ 시공간을 초월한 듯한 묘한 느낌

4. 사진 뒷면에는 어떤 글귀가 적혀 있었나요?
   ① 마법의 나무 ② 운명을 지배한다.
   ③ 마을을 일으킬 수 있다.

5. 나무 속으로 들어간 민재는 광경을 어떻게 느꼈나요?
   ① 익숙한 듯 생경하다.
   ② 신비롭다.   ③ 친숙하다.

지구의 대기층

지구는 여러 개의 대기층으로 둘러싸여 있어요. 대기는 우리가 숨 쉬는 공기로 이루어져 있으며, 크게 5개의 층으로 나뉩니다. 가장 가까운 층은 대류권으로, 우리가 사는 공간이에요. 날씨와 기후가 변화하고 구름이 형성되는 곳이죠. 그 위의 성층권에는 오존층이 있어서 태양의 해로운 자외선으로부터 지구를 보호해요. 그리고 그 위로 중간권, 열권, 외기권이 차례로 있는데, 고도가 높아질수록 대기 밀도가 낮아져요. 이런 대기층들은 지구의 생명 활동을 지원하고, 날씨와 기후를 만드는 아주 중요한 역할을 합니다.

1. 대류권은 무엇을 의미하나요?
   ① 날씨가 변화하고 구름이 형성되는 곳
   ② 태양의 자외선을 차단하는 곳
   ③ 대기 밀도가 가장 낮은 곳

2. 오존층은 어느 대기층에 존재하나요?
   ① 대류권
   ② 성층권
   ③ 중간권

3. 대기에서 고도가 높아질수록 어떤 변화가 일어나나요?
   ① 대기 밀도가 낮아진다.
   ② 온도가 올라간다.
   ③ 산소가 증가한다.

4. 외기권은 어떤 특성을 가지고 있나요?
   ① 대기 밀도가 매우 높다.
   ② 대기 밀도가 매우 낮다.
   ③ 구름이 많이 형성된다.

★ 부모님이 보세요.
부모님 정답: 1.① 2.② 3.① 4.②
아이들용 정답: 1.① 2.② 3.③ 4.③ 5.①

어느 날, 작은 마을의 두 소년 태호와 진우가 바다를 가로지르는 대담한 항해를 결심했다. 마을 사람들의 경고에도 불구하고 모험에 대한 갈망을 이기지 못한 그들은 거친 바다로 나섰다. 어린 나이에도 탐험가를 꿈꾸던 태호의 용기에 감명받은 진우는 기꺼이 함께 떠나기로 했다.

하지만 그들의 항해는 순탄치 않았다. 강한 폭풍이 몰아치면서 배가 거센 파도에 휘말려 빠르게 파손되기 시작했다. 배에서 떨어진 태호와 진우는 바다에 떠밀려 간신히 작은 섬에 도달했다. 사람의 발길이 닿지 않은 이 섬에서 그들은 생존을 위해 고군분투해야 했다.

태호는 자연의 법칙을 배워가며 날카로운 돌로 도구를 만들고, 숲을 탐험해 동물을 사냥하는 등 식량을 구했다. 진우는 물고기를 잡고 섬의 자원을 활용하며 생활했다. 절박한 상황 속에서 두 소년은 서로를 더욱 소중히 여기게 되었다.

1. 태호와 진우는 왜 바다를 항해하려 했나요?
   ① 새로운 땅을 발견하기 위해서
   ② 모험을 갈망해서
   ③ 배를 타는 것이 재미있어서

2. 태호와 진우가 배에서 떨어져 무인도에 도달한 이유는 무엇인가요?
   ① 배가 고장 나서
   ② 폭풍에 휘말려서
   ③ 다른 사람들과 싸워서

3. 태호는 섬에서 살아남기 위해 무엇을 시작했나요? (두 가지 이상 고르세요.)
   ① 도구를 만들고 식량을 구했다.
   ② 배를 수리했다.
   ③ 숲에서 동물을 잡았다.

4. 다음 중 태호와 진우의 관계를 가장 잘 설명한 것은 무엇인가요?
   ① 두 소년은 경쟁 관계였다.
   ② 두 소년은 서로를 소중하게 여겼다.
   ③ 두 소년은 서로를 의심했다.

5. 태호와 진우가 어떻게 섬에서 살아남을 수 있었나요?
   ① 기술이나 도구 없이 살아갔다.
   ② 서로 협력해서 생존했다.
   ③ 섬에서 보물을 발견했다.

지구의 물 순환

지구에는 물이 끊임없이 순환하는 물 순환이 있어요. 물은 대기, 지표, 지하 등 여러 곳을 오가며 변화하는데 증발, 응결, 강수, 침투 등의 과정으로 이루어져 있어요. 먼저 바다나 호수의 물이 햇빛으로 증발해 기체 상태인 수증기가 돼요. 이 수증기는 공기 중에서 응결되어 구름을 형성하고, 구름 속 수증기가 무거워지면 강수가 되어 비나 눈으로 지구에 떨어집니다. 내린 비의 일부는 지면에 침투해 지하수로 흡수되고, 나머지는 강과 바다로 흘러가 다시 순환을 시작해요. 이렇게 물은 지구를 계속 순환하면서 자연의 균형을 유지합니다.

1. 물 순환의 첫 번째 과정은 무엇인가요?
   ① 응결
   ② 증발
   ③ 강수

2. 응결은 무엇을 의미하나요?
   ① 물이 기체에서 액체로 변하는 과정
   ② 물이 액체에서 기체로 변하는 과정
   ③ 구름이 없어지는 과정

3. 내린 비는 어디로 가나요?
   ① 모두 바다로 흘러간다.
   ② 일부는 지하수로 흡수되고 나머지는 강과 바다로 흘러간다.
   ③ 모두 땅속으로 침투한다.

4. 침투란 무엇을 의미하나요?
   ① 물이 공기 중으로 퍼지는 과정
   ② 물이 지면에 흡수되는 과정
   ③ 물이 구름으로 변하는 과정

★ 부모님이 보세요.

정보글 정답: 1. ② 2. ① 3. ② 4. ②

이야기글 정답: 1. ② 2. ② 3. ① 4. ② 5. ②

이유 없이 무기력한 날을 보내던 한 젊은이가 있었다. 어느 날 그 젊은이는 하릴없이 한참 걷다가 한 목수를 만났다. 젊은이는 비지땀을 흘리며 일하는 목수를 보다 문득 궁금해져 열심히 일하는 이유를 물었다. 삶은 자기가 해온 일과 그 일로 만들어진 자신의 고귀함을 느끼는 것이라고 목수는 말했다.

한참 더 가는데 나무 밑에 노숙 노인이 앉아 있었다. 허름하고 추레한 행색이 찌든 가난을 말해주었다. 코를 찌르는 냄새를 피해 가려는데 노인이 말했다. "나도 한때는 행복했지만 고난으로 점철된 삶을 살다 보니 끝이 여기, 나무 밑이군요. 하지만 마음은 편하니 그런 눈으로 보지 말고 가던 길 가세요."

겸연쩍으면서도 숙연해진 젊은이는 가벼이 목례하고 다시 길을 갔다. 한 여인이 강가에 앉아 있었다. 처진 어깨에 절망이 내려앉은 듯했다. "우리 아기를 다시 만날 수 있다면…" 읊조리는 소리에 젊은이는 발길을 멈추었다. 그리고 이내 생각에 잠겼다. 고귀한 일, 고난, 사랑이 한데 섞여 젊은이에게 묻는 듯했다. 삶의 이유에 대해서 말이다. 길에서 만난 단편적 삶의 조각들은 어떤 의미였을까.

1. 젊은이가 하릴없이 걸은 이유는 무엇인가요?
   ① 무기력해서
   ② 삶의 지혜를 찾기 위해
   ③ 여행을 떠나려고

2. 목수는 젊은이에게 열심히 일하는 이유를 무엇이라고 답했나요?
   ① 일을 통해 고귀함을 느껴서
   ② 일이 즐거워서　③ 돈을 벌기 위해서

3. 노숙 노인은 어떤 말을 했나요?
   ① 과거의 행복을 그리워한다.

② 고난 속에서도 마음은 편하다.
③ 자신은 행복하다.

4. 여인은 무슨 말을 읊조렸나요?
   ① 사랑이 없다면 살 수 없다.
   ② 아기를 다시 만날 수 있다면.
   ③ 삶의 의미를 모르겠다.

5. 젊은이는 길에서 만난 사람들의 말이 무엇을 묻는 것 같다고 생각했나요?
   ① 삶의 이유　　② 고난의 의미
   ③ 사랑의 본질

지각 변동과 지진

지구는 여러 층으로 이루어져 있으며, 가장 바깥층인 지각은 지구에서 가장 얇은 부분이에요. 지각은 여러 개의 판으로 나뉘어 있어요. 이 판들은 조산대와 같은 지역에서 서로 밀고 당기거나 충돌하면서 움직이는데, 이런 움직임으로 지진이 발생할 수 있어요. 지진은 지구 내부의 에너지 방출이며, 지구 내부의 마그마가 흐르면서 지각의 판들을 밀어내는 과정에서 큰 힘이 작용해 지구 표면에 충격을 줍니다.

지진이 발생하면 땅이 흔들리면서 건물이나 다리가 무너질 수 있어요. 지진파는 지구 내부에서 지표면으로 전달되며 과학자들은 이를 통해 지구 내부 구조를 연구할 수 있어요. 지진은 예측하기 어려운 자연재해 중 하나라서 사람들에게 큰 영향을 미칠 수 있어요.

1. 지각은 지구의 어떤 부분인가요?
   ① 가장 안쪽 부분
   ② 가장 바깥쪽 부분
   ③ 중간 부분

2. 지구의 지각을 이루는 판은 어떻게 움직이나요?
   ① 지구 내부의 마그마가 흐르면서 판을 밀어낸다.
   ② 판은 원래 일정하게 움직이지 않는다.
   ③ 지구 표면에서만 움직인다.

3. 지진은 무엇 때문에 발생하나요?
   ① 지구 내부의 에너지 방출
   ② 태양의 에너지
   ③ 바람의 세기

4. 지진파는 무엇을 연구하는 데 사용되나요?
   ① 지구의 표면 온도
   ② 지구 내부 구조
   ③ 지구 기후 변화

★ 부모님이 보세요.

글자 정답: 1. ② 2. ① 3. ① 4. ②

이야기글 정답: 1. ① 2. ① 3. ② 4. ② 5. ①

PART 2

읽기 지능을 높이는

읽기 기술

  ?!

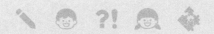

단어력 향상의
숨은 포인트

PART 1에서는 독서와 학습의 기본이 되는 읽기 지능의 중요성을 자세히 알아보았습니다. 이번 PART 2에서는 읽기 지능을 구성하는 핵심 요소인 단어력과 추론 능력에 초점을 맞추어 설명을 이어가겠습니다. 단어력의 중요성과 향상 전략을 시작으로 비문학과 문학 읽는 법, 추론 능력을 키우는 다양한 방법입니다. 천천히 읽으며 하나씩 따라가다 보면 자녀의 읽기 지능이 쑥 성장해 있을 것입니다.

📖 읽기 지능의 가장 기본인 '단어력'

2024년 교육부와 한국교육과정평가원에서 발표한 '2023년 국가 수준 학업성취도 평가 결과'에 따르면 중학교 3학년과 고등학교 2학년생의 국어 기초미달 비율이 확대되었습니다. 보통·우수 비율도 줄어들었고요.

이런 이야기가 나올 때면 학생을 직접 마주하는 교사들의 경험담이 나오기 마련입니다. '조짐이 있다'라는 문구를 읽고 욕이 아니냐고 묻는 학생도 있었고, '유선상으로 연락하라'는 말에 '유선상 씨가 누구냐'고 물었다는 웃지 못할 이야기도 있습니다.

저는 이런 현상이 단순히 문해력 저하 때문이라고만 생각하지 않습니다. 우리말에 한자어가 지나치게 많은 것과 불필요하게 어려운 단어를 많이 사용하는 경직된 문서 문화가 더 큰 문제라고 봅니다. 또한 말과 글에 권력을 가진 어른들이 자기 세대에 익숙한 단어를 다른 환경에서 태어나 살고 있는 청소년과 어린이에게 무작정 알라고 요구하는 것도 문제이지요.

그럼에도 문서 문화는 하루아침에 바뀔 수 없고, 청소년과 어린이는 학업 과정에서 많은 글을 읽으며 필요한 성취를 해내야 합니다. 학생으로서, 그리고 나중에 성인으로서 생존하려면 기본적인 단어력은 필요합니다. 또한 글을 읽고 이해하려면 우선 글에 담긴 단어의 뜻을 파악해야 하기 때문에 단어력은 읽기 지능의 가장 기본적인 요소이기도 합니다.

📖 단어력과 어휘력의 차이

우선 단어력과 어휘력의 차이부터 설명하겠습니다. 국어사전에 따르면 '어휘'는 '어느 일정 범위 안에서 쓰이는 단어들, 그 단어의 전체'를 뜻합니다. 그런가 하면 '단어'는 분리해 자립적으로 쓸 수 있는 말이나 이에 준하는 말, 그리고 그 말에 뒤에 붙어 문법적 기능을 나타내는 말을 의미합니다. 예를 들어 '나는 밥을 먹었다'에서 '나' '밥' '먹었다'는 물론이고 '는' '을'도 단어에 포함되지요.

제가 어휘력이 아닌 단어력이라는 표현을 사용하는 것은 어휘보다 단어가 좀 더 세밀한 개념이기 때문입니다. 좀 더 정확하게 짚고 넘어가자는 의미지요. 또한 어휘는 어감상 일상의 단어를 넘어 말과 글의 풍성함을 위해 '많이 알수록 좋은 것' 같은 느낌이라면, 단어는 그보다 좁은 의미로 우리가 살아가는 데 있어 '필수'의 개념입니다. 따라서 이 책에서는 무작정 어휘력을 키우는 게 아니라 읽기 지능의 기반으로서 최소한의 단어를 익히고 바르게 사용해 단어력을 높이자는 의미로 접근하겠습니다.

우선 단어력이 있다는 것은 그 단어의 철자를 정확히 쓸 줄 알며, 말과 글에서도 사용할 줄 아는 것을 뜻합니다. 예를 들어 '정답다'라는 단어라면 읽고 쓸 줄 알며 말과 글에서 적절하게 사용할 줄 알아야 하죠. 만약 읽을 줄 알지만 뜻을 모르거나, 뜻은 알지만 철자를 잘못 쓰거나, 알고 있었으나 문장에서 자연스럽게 사용하지 못한다면 단어력이 있다고 보긴 어렵습니다.

📖 초등 시기 단어력은 독서만으로는 부족하다

우리는 단어력을 키우는 방법으로 흔히 독서를 떠올립니다. 크게 보면 맞는 말입니다. 독서는 우리가 일상에서 접하기 어려운 단어들을 이야기라는 큰 맥락 안에서 적절히 보여주기 때문에 우리 안에 좋은 단어들이 쌓이게 해줍니다.

단어에는 '것' '뿐'과 같은 의존명사부터 '맨발' '맨손'에 쓰이는 접두사 '맨', '인간답다'와 '너답다'의 '답다', '강아지'와 '송아지'의 '아지', '정성껏' '힘껏'의 '껏' 같은 접미사 등 다양한 것이 포함됩니다. 이러한 것들을 문제집으로 배우기는 쉽지 않습니다. 이런 단어가 자연스럽게 사용된 책을 읽어야 하고, 또 독서의 시간과 양이 충분해야 수월하게 습득할 수 있습니다. 문제는 책 읽기로 단어력을 키우려면 오랜 기간 상당한 양의 독서를 해야 한다는 것입니다.

『읽기 격차의 해소』(알렉스 퀴글리 지음, 김진희 옮김)에 따르면 책을 읽을 때 맥락에서 습득하는 어휘가 15% 정도라고 합니다. 독서를 할 때는 전체 맥락을 파악하며 읽어나가기 때문에 등장하는 단어들을 모두 자기 것으로 만들지 못한다는 뜻이죠. 그러다 보니 독서로 단어력을 키우려면 독서량이 상당히 많아야 한다는 결론이 나옵니다.

초등학생의 독서 특성도 책 읽기로 단어력 키우기를 어렵게 만듭니다. 초등학생은 책을 읽을 때 큰 맥락에 집중합니다. 쉽게 말해 '어떤 사건이 벌어지고 어떻게 진행되다가 해결되었는지'에 집중하죠. 그러다 보니 단어를 하나하나 곱씹어 보거나 모르는 단어를 찾아보지 않습니다. 전체 맥락을 파악하는 데 방해가 되는 단어는 곁에 있는 어른에게 물어보거나, 그럴 수 없다면 그냥 넘어가죠. 읽다가 사전을 찾아보면 독서 행위에 방해가 된다고 생각하기 때문입니다.

그렇다면 독서를 할 때 언제 단어 하나하나가 눈에 들어올까요? 바로 매우 능숙한 독자가 되었을 때입니다. 능숙한 독자란 책의 전체 내용뿐 아니라 그 내용을 구성하는 문장과 단어도 민감하게 받아들이며 독서의 의미를 스스로 확장해 가는 사람입니다. 그래서 능숙한 독자는 책을 읽다가 수시로 포스트잇 등으로 표시하기도 하고, '이 문장에 이런 단어를 사용하다니' 하며 감탄하기도 하고, 읽다 말고 필사를 하기도 합니다.

정리하자면 독서는 단어력을 키우는 데 분명 기본이 되는 활동이며 장기적으로는 꼭 필요합니다. 하지만 초등학생은 독서만으로 성과를 내기엔 아직 이릅니다. 결국 의도적으로 단어력을 키울 수 있는 전략이 필요하죠. 이에 대해 이어서 소개하겠습니다.

초등 단어력
향상 전략

앞서 초등 시기에는 독서를 해도 단어력이라는 결과물이 보이지 않을 뿐 의미가 있다는 점을 설명했습니다. 그렇다면 책 읽기를 기반으로 하되, 좀 더 적극적으로 단어력을 높이는 방법을 살펴보겠습니다.

우선 상황에 맞는 적절한 문장을 정확히 구사하는 사람, 즉 문장력이 좋은 사람과의 풍성한 언어 상호작용이 필수입니다. 이는 아이의 귀가 트이는 태아 때부터 시작됩니다. 특히 글자를 습득하기 전에는 듣기와 말하기를 통한 상호작용이 필요합니다. 현장에서 만난 아이 중에 나이에 비해 문장 구사력이나 어휘력이 부족한 아이들은 원인이 어릴 때부터 누적된 경우가 많았습니다. 많은 학부모가 취학 전 언어 발달이 한창 이루어져야 할 때 사정이 있어 아이를 잘 돌봐주지 못했거나 언어 상호작용을 충분히 해주지 못했다고 제게 고백하기도 했지요.

이 책은 초등 학부모가 볼 테니 이미 그 시기는 지났겠지만 교육은 현재 상황에 맞추어 최선을 다하는 것인 만큼 지금부터라도 아이와의 대화를 늘려나가면 좋습니다. 대화량을 늘린다는 게 막연하게 느껴질 수 있는데, 이어서 소개하는 전략들을 참고하면 큰 도움이 될 것입니다.

📓 전략 1. 책 읽어주기

책 읽어주기는 '책 읽기'와는 다릅니다. 아이가 스스로 책을 읽고 단어력을 키우는 것이 아니라 어른이 아이에게 풍성한 문장을 들려주기 위해 책을 활용하는 것이죠. 앞서 단어력 향상의 가장 중요한 방법으로 일상의 풍부한 언어 상호작용을 이야기했는데, 가정에서 풍성한 언어 환경을 만든다는 게 말처럼 쉽지 않습니다. 아무래도 반복된 패턴으로 일상이 이어지다 보니 매일 비슷한 대화와 제한된 단어만 사용하게 되죠. 이럴 때 책이 있다는 건 정말 감사한 일입니다.

예를 들어볼까요? '우리 나가 놀자'와 '날이 좋으니 나가서 햇살 속을 거닐어 보자'는 확연히 다르죠? 전자는 우리가 일상에서 흔히 하는 표현이고, 후자는 책에서 볼 수 있는 좀 더 풍성한 표현입니다. 짧은 그림책 한 권만 읽어줘도 아이가 이런 좋은 문장을 쉽게 만날 수 있습니다. 바쁜 일상에서 책을 읽어주기란 결코 쉽지 않습니다. 그럼에도 '풍부한 언어 상호작용'은 이론적으로는 맞지만 다소 이상적인 솔루션보다는 훨씬 현실적이고 쉬운 접근법입니다.

📓 전략 2. 필사해 보게 하기

책 속 좋은 문장을 필사해 보는 것도 좋은 방법입니다. 책을 통째로 읽자는 게 아니라 문장을 찾아보자는 것인데요. 집 책장에서 아무 동화책이나 꺼내 펼친 다음, 평소 아이가 잘 사용하지 않지만 좋아 보이는 단어가 있다면 그 단어가 포함된 문장을 찾아보게 하세요. 그리고 좋아하는 공책에 옮겨 써보게 하는 겁니다. 단어가 포함된 문장을 필사하다 보면 그 단어의 의미를 머릿속에 자연스럽게 새기게 되어 자기 것으로 만들 가능성이 높아집니다.

앞서 눈으로 읽을 때는 약 15%의 단어만 머릿속에 새겨진다고 언급했는데, 필사는 그 확률을 더 높여줍니다. 숙제나 공부처럼 말고 '나만의 문장 노트' '나만의 문장 수집 노트'를 만든다는 생각으로 한다면 즐겁고 행복한 활동이 될 겁니다. 독서 시간이 절대적으로 부족한 초등 고학년에게 더욱 추천합니다.

📓 전략 3. 나만의 단어장 만들어 보게 하기

다음으로는 단어장을 만들어 보는 방식을 추천합니다. 단어장은 책에서 좋은 단어나 고급 단어를 찾아내 습득하는 방식입니다.

앞서 초등학생들의 독서 특성을 다루면서 아이들은 단어 중심으로 읽지 않는다고 말했는데, 그렇기에 다 읽은 책에서 단어만 일부러 찾아보는 활동이 당연히 도움이 될 것입니다. 저는 성인이고 꾸준히 독서를 해왔지만 이 방식을 종종 사용합니다. 다 읽은 소설을 다시 펼치고 마음에 담고 싶은 단어들을 쭉 찾다 보면 놀랍게도 눈에 띄지 않던 단어들을 발견하곤 합니다. 또한 단어의 뜻이 애매하게 느껴질 땐 사전에서 정확한 뜻을 찾아보고 입으로 소리 내어 읽어보기도 하죠.

아이들에게도 이 방식이 효과적입니다. 단어장 만들기는 매우 간단합니다. 세로로 긴 작은 수첩을 준비해 다음 그림처럼 뜻

💡 단어장 예시

초하루

| 뜻 | 매달 첫째 날 |
| 예문 | 할머니가 다음 달 초하루에 오신다고 했다. |

문장 쓰기

과 예문을 적고 자신만의 문장도 써보면 됩니다. 뜻과 예문은 사전에서 찾으면 되고, 문장은 그 단어의 뜻을 이해한 다음에 쓰면 되지요. 만약 아이가 어색한 문장을 쓰더라도 그냥 두는 것이 좋습니다. 어색한 문장을 썼다는 건 완전히 습득하지 않았다는 뜻인데, 단어는 암기하듯 배울 수 있는 게 아니라서 결국 시간과 경험이 더 필요합니다. 그러니 어색한 문장을 썼더라도 일단 그대로 두세요. 최소 6개월 후에 그 단어를 다시 사용해 보게 하면 그때는 자연스럽게 표현할 수도 있습니다.

여유가 있다면 부모가 단어를 뽑아 뜻과 예문을 써준 후 아이가 문장만 써보게 하는 것도 좋습니다. 이때 단어를 골고루 골라주세요. 우리가 많이 사용하는 단어는 크게 명사, 동사, 형용사, 부사로 나눌 수 있습니다. 명사는 문장의 주어 역할을 주로 하고 동사와 형용사는 그 명사를 받아 문장에서 표현하고자 하는 말을 완성합니다. 부사는 다음 말을 꾸며서 더 정확한 의미 전달에 도움을 주죠. 가장 기본이 되는 명사, 동사, 형용사를 중심으로 찾되, 부사라면 다음 말을 꾸며주는 '아주' '몹시' 등의 말과 더불어 '느릿느릿' '철렁철렁' 같은 의성어와 의태어를 골고루 찾으면 좋습니다.

물론 아이에게 품사의 명칭을 알려줄 필요는 없습니다. 다양한 단어를 골고루 찾아 단어력을 높이기 위한 하나의 방법이니까요. 만약 책 읽기가 뜻대로 되지 않거나 읽을 시간이 없다면 읽지 않은 책을 펼쳐 들고 단어만 뽑아봐도 좋습니다. 책을 사전처럼 활용하는 것이죠.

📔 전략 4. 일상에서 단어 사용해 보게 하기

마지막으로 가장 중요한 것이 있습니다. 바로 단어를 아이의 생활과 연관지어 직접 사용할 수 있게 도와주는 것입니다. 저는 2024년 가을에 단어력 습득을 위한 어휘 교재(『바빠 초등 문해력 어휘 100』)를 출간했는데요. 그 책을 집필하기 전에 여러 어휘 교재를 살펴보다 놀라운 점을 발견했습니다. 읽기 지능의 기본이 되는 단어력을 키운다는 것은 일상에서 사용하는 단어의 습득을 도와준다는 개념인데, 거의 모든 교재가 일상 단어가 아닌 학습 단어에 초점을 두고 있었거든요. 학습 단어도 물론 중요하지만 그 외의 단어를 다루는 도서가 거의 없다는 게 의아했습니다.

또한 많은 교재가 단어를 '머릿속에 입력'하는 데만 집중하고 있었습니다. 단어는 '학습'이 아니라 '습득'인데도 단어의 뜻을 기계적으로 알려주고 암기했는지에만 초점을 맞추고 있었죠. 그런 방식으로 단어력을 높일 수 있을지 의문이 들었습니다. 단어력의 핵심은 문장 속에서 단어의 뜻을 이해하고 자신의 말과 글에서 사용할 수 있는 능력이기 때문입니다.

단어력을 키우려면 아이가 단어로 '사고'할 수 있게 해주어야 합니다. 예를 들어 '가뿐하다'라는 단어는 '마음에 부담이 없이 가볍고 편안하다'라는 뜻인데요. 그 뜻을 알려주는 데 그치지 말고 그 단어를 아이의 경험과 연결되도록 질문을 던지는 것이죠. '너는 언제 마음에 부담이 없고 가볍고 편안했어?'라고 말입니다. 그래야 비로소 단어가 자기 것이 될 수 있습니다.

사전에 수많은 예문이 있지만 아이 경험에서 나온 말이야말로 단어를 습득할 수 있는 최고의 문장입니다. 마음의 여유가 있다면 '나는 어제 청소를 다 마쳐서 매우 가뿐했어'라고 어른의 문장도 들려주세요. 수많은 단어를 보고 스쳐 지나가는 것보다 이것이 더 확실한 단어 습득 방법입니다.

📘 전략 5. 단어 확장해 보게 하기

아이가 사용하는 단어를 확장하는 방법도 좋습니다. 바로 유의어를 활용하는 것인데요. 이미 사용하고 있는 단어의 유의어를 찾아 습득하는 게 새로운 단어를 배우는 것보다 더 효율적일 수 있습니다. 예컨대 아이의 말과 글에 자주 보이는 단어가 '걷다'라면 이와 비슷한 단어들을 제시하는 겁니다. 네이버 국어사전에서 '걷다'를 검색하면 표준국어대사전의 내용도 볼 수 있는데요. 잘 보면 단어의 정의 아래에 '유의어'가 있습니다. 이렇게 찾은 유의어들을 다음 그림처럼 어휘 주머니에 모아보세요.

'걷다'의 비슷한말로는 거닐다, 산책하다, 행보하다, 보행하다 등이 있는데 각각 조금씩 의미가 다릅니다. 이렇게 어휘 주머니를 그려 단어를 확장해 본 후에는 각 단어의 의미도 알아야겠죠? 그런데 일일이 찾다 보면 금방 지칠 수 있습니다. 그래서 어른들은

💡 유의어 활용 예시 1

이미 아는 단어이니 이 단어가 쓰이는 예문을 적어주면 좋습니다. 만약 그러기 어렵다면 사전에서 검색해 예문을 살펴봐도 좋고 생성형 인공지능인 챗GPT를 활용해도 좋습니다. 챗GPT에 단어를 제시하고 초등학생 수준의 예문을 만들어 달라고 요청하는 겁니다.

- 공원의 낙엽을 밟으며 **거닐었다.**
- 밥 먹고 집 앞을 **산책했다.**
- 학원에 늦어 빠르게 **걸었다.**
- 목적지를 향해 가족 모두 **행보했다.**
- 횡단보도를 **보행하는** 사람들이 바빠 보였다.

이렇게 예문을 통해 단어를 보여주면 뜻을 직접 알려주는 것보다 아이가 더 직관적으로 이해할 수 있습니다. 또한 단어를 자신의 것으로 만드는 더 좋은 방법은 단어로 생각할 수 있도록 유도해 주는 것인데요. 이를테면 다음과 같은 질문을 던지는 것이죠.

- **거닐다**: 거닐고 싶은 곳이 있나요?
- **산책하다**: 누구와 산책하면 좋을까요?

- **걷다**: 여러분이 매일 걷는 곳은 어디인가요?

- **행보하다**: 씩씩하게 행보하는 사람들을 본 적이 있나요?

- **보행하다**: 거리를 '보행'하는 사람을 뭐라고 할까요?

아이는 이 질문에 답하는 과정에서 단어의 의미를 자꾸 생각해 보게 될 거예요.

또한 아이들은 쉬운 단어나 세분화된 단어들을 포괄하는 상위 개념의 단어를 주로 사용합니다. 예를 들어 '기쁘다' '설렌다' '맛있다' '두근댄다' 등을 모두 '좋다'로 표현하는 거죠. 예문을 활용하는 방식은 독서보다 더 빠른 효과를 볼 수 있습니다. 이렇게 단어를 모으다 보면 일상적인 대화와 글쓰기에도 자연스럽게 단

💡 **유의어 활용 예시 2**

어들을 사용하면서 단어를 익히는 게 얼마나 가치 있는지 아이 스스로 알아가게 되지요.

예시를 좀 더 볼까요? 아이가 쓴 글에서 '감탄하다' '재미있다'라는 단어가 보인다면 앞의 그림처럼 또 모아보세요. 그리고 앞서 소개한 방식처럼 예문을 만들어 보여주면 아이가 쉽고 재미있게 단어를 확장하며 단어력을 키울 수 있습니다.

다시 한번 강조하지만 단어력은 읽기 지능의 핵심이며, 따라서 단어력 향상에 많은 관심을 가져야 합니다. 독서는 단어력을 키우는 기본적인 방법이지만 오랜 시간 많은 책을 읽어야 하기 때문에 비효율적입니다. 하지만 앞서 소개한 방식으로 일상에서 자연스럽게 단어를 습득하도록 도와준다면 읽기 지능과 문장 구사력이 향상되고 세상을 보는 시야도 넓어질 것입니다.

비문학 글,
어떻게 읽을까?

📖 독서와 독해의 차이점

앞서 읽기 지능을 높이는 방법으로 단어력을 키우는 것에 대해 자세히 소개했는데요. 이번에는 한 단계 더 나아가 읽기 지능을 효과적으로 높일 수 있는 글 읽는 법에 대해 알아보겠습니다. 그에 앞서 독서와 독해의 차이를 간단히 설명할게요.

독서

독서란 교양이나 지식 습득과 같이 목적을 갖고 스스로 책을 선택해 읽는 행위입니다. 독서를 하다 보면 생각이 확장되고 자신만의 견해가 형성되기 때문에 궁극적으로 '더 나은 나'를 만들어 가게 되지요. 자신의 목적에 따라 책을 고르기 때문에 읽다가 마음에 들지 않으면 완독하지 않아도 됩니다. 또한 완전히 이해하지 못했더라도 마음을 채워주는 책이 있을 수 있습니다. 다시 말해 개인의 흥미나 필요에 따라 아무거나 읽어도 상관없습니다. 꾸준히 읽다 보면 책을 고르고, 읽고, 소화하는 능력이 생기는데, 이를 독서 능력이라고 합니다. 그리고 수준 높은 독서 능력을 갖춘 사람을 능숙한 독자라고 하지요.

독해

독해는 조금 다른 개념입니다. 독해란 글의 내용을 정확히 파악하고 의미를 읽어내는 것에 초점을 둔 행위입니다. 보통 국어과의 읽기 지도가 이에 해당하죠. 독해 문제집의 지문이나 과제를 위해 읽는 글은 '독해'를 위한 것이니 꼼꼼히 읽어야 합니다. 다시 말해 개인의 교양을 위한 글이 아니니 읽다 말아서도 안 되고, 대충 읽어서도 안 됩니다.

이해를 돕기 위해 독서와 독해를 나누어 설명했지만 이 두 가지를 반드시 구분할 필요는 없습니다. 한 가지 더 설명하자면 독서는 독해보다 넓은 개념입니다. 단순히 읽고 싶든, 읽기 능력 향상 같은 목적이 있든 책에 대한 긍정적인 태도로 원하는 책을 골라 꾸준히 읽는 능숙한 독자는 보통 독해 능력도 갖추고 있습니다. 문제는 지금 많은 아이가 독서 능력을 갖추지 못한 채 독해 능력만 키우려고 해서 이도 저도 안 되는 경우가 많다는 것입니다.

따라서 이번 꼭지는 '독서'가 아닌 '독해'를 다룹니다. 구체적으

 한눈에 보는 독서와 독해의 차이

독서
교양이나 지식 습득과 같은
읽기 목적을 위해 스스로 책을
선택해 읽는 행위

독해
글의 내용을
정확히 파악하고
의미를 읽어내는 것에
초점을 둔 행위

로는 비문학 독해 문제집을 효과적으로 활용하고 비문학 글을 제대로 이해하는 방법이지요. 다섯 단계로 나누어 소개하겠습니다.

📖 비문학 글을 활용한 독해력 기르기 5단계

1단계: 배경지식 떠올리게 하기

글을 읽기 전에 아이에게 그 글의 소재에 대해 아는 것을 떠올려 보게 하세요. 예를 들어 글의 소재가 '떡볶이'라면 떡볶이와 관련된 경험이나 지식을 떠올리며 배경지식을 활성화하는 것인데요. 이 과정에서 이미 '알고 있던 것'을 인지할 수 있어 글을 읽을 때 아는 것과 모르는 것을 자연스럽게 구분할 수 있습니다.

독해력이 부족한 아이는 글에 대한 메타인지를 작동하지 못합니다. 독해를 잘하려면 글을 보는 순간 자신이 아는 내용과 모르는 내용을 구분하고, 모르는 내용을 중심으로 독해하면서 전체적인 내용을 파악해야 합니다. 하지만 이런 글 읽기 메타인지가 부족한 아이는 글을 언뜻 보고 쉽다고 생각하면 모르는 내용이 있어도 '다 안다'고 말하고, 반대로 어렵다고 판단하면 적극적으로 독해하려 하지 않고 무조건 '어렵다'라고만 합니다.

따라서 글을 읽기 전에 제목만 먼저 보고 "여기에 대해 아는 것을 말해볼까?" 하고 아이에게 질문해 주세요. 이렇게 하면 배경 지식이 자연스럽게 활성화됩니다.

2단계: 아이와 글을 연결하기

다음으로는 글을 아이의 경험과 연결 지어 의미 있는 읽기 자료로 만들어야 합니다. 글을 읽을 때 가장 중요한 것은 읽는 사람에게 의미가 있어야 한다는 점입니다. 그래야 적극적으로 이해하기 위해 몰입해서 읽게 되고, 그 과정에서 자연스럽게 글의 의미를 파악할 수 있기 때문이에요. 우리가 아이들에게 독서를 권할 때 관심사에 맞는 책을 권유해야 하는 이유도 바로 그것입니다. 자신에게 의미가 없다고 생각되는 책은 아무리 정독하라고 해도 마음이 움직이지 않아 잘되지 않습니다.

하지만 문제는 독해력을 키우기 위해 접하는 글이 모두 아이들의 관심사에 부합할 수 없다는 겁니다. 독해 문제집의 지문은 대부분 유익하고 좋은 글이지만 아이의 관심사와 직접 연결되지 않아 지속해서 읽어가기가 쉽지 않습니다. 그러다 보니 초반에는 잘하다가 점점 대충 넘어가려는 모습을 보이기도 하죠.

이런 글을 아이와 연결하려면 아이의 지식과 감정을 건드려야 합니다. 글에서 새로운 정보, 놀라운 정보, 흥미로운 정보, 중요한 정보, 기억해야 할 정보, 도움이 되는 정보 등을 찾아 각각 다른 색의 형광펜으로 표시하도록 해보세요. 이런 내용들을 찾다 보면 자연스럽게 아이의 지식이 활성화되고 감정이 움직이면서 글이 의미 있게 다가옵니다.

저는 아이들과 비문학 지문을 읽을 때 항상 이 활동부터 하는데요. 최근에는 이 책의 PART 2 뒷부분에 제시한 읽기 지능 활동지 중 '짜장면'에 대한 글을 읽은 아이가 '한국에서 이 요리를 독특하게 변형해서 먹기 시작했습니다'라는 부분에 '흥미로운 정보'를 표시하는 형광펜으로 밑줄을 그었습니다. 그러곤 자기 가족이 짜장면을 맛있게 먹는 방법을 이야기하더니 "선생님, 훨씬 더 자세히 읽게 되었고 이해가 돼요"라고 말했죠. 이처럼 단순히 눈으로만 읽는 것이 아니라 형광펜으로 적극적으로 표시하며 자기 경험과 연결 지으면 글 내용이 더욱 와닿기 때문에 잘 이해되고 재미까지 느낄 수 있습니다.

3단계: 모르는 단어의 뜻 찾게 하기

글 전체를 파악하기 위해선 글 안에 담긴 단어의 의미를 이해해야 합니다. 정말 당연한 이야기죠? 뒤에서 설명하겠지만 문학 지문은 모르는 단어가 일부 포함되어 있더라도 글을 이해하는 데 큰 문제가 없습니다. 이야기의 전체 맥락을 놓치지 않고 읽다 보면 모르는 단어가 나와도 앞뒤 문맥에서 추론할 수 있으니까요. 설령 추론이 어렵더라도 모르는 단어 몇 개 때문에 전체 내용을 이해하지 못하는 건 아닙니다. 오히려 읽기 과정에서 모르는 단어를 조금씩 만나는 것이 읽기 긴장도를 높여주고 글이라는 큰 맥락 안에서 단어의 의미를 파악하기 때문에 단어력 향상에도 도움이 됩니다. 그래서 문학 지문이나 작품을 읽을 때 모르는 단어가 나왔다고 굳이 사전을 찾아보라고 할 필요가 없습니다.

그러나 비문학 글은 다릅니다. 비문학 글은 단어 하나하나를 알아야 내용을 이해할 수 있습니다. 예를 들어 '힘의 원리'라는 글을 읽을 때 '작용' '반작용' '중력' 등의 단어를 모르면 그 단어가 담긴 문장은 물론 글 전체를 이해할 수 없습니다. 글 전체를 이해하지 못하면 그다음 과정인 문단 중심의 글 읽기나 글 전체 구조 파악은 당연히 어렵겠죠.

자, 아이에게 비문학 지문을 읽고 모르는 단어를 찾게 해주세요. 그리고 모두 찾아본 후에는 단어의 뜻을 직접 조사하도록 해주세요. 대부분의 독해 문제집은 단어들을 따로 설명해 놓지만 사실 그 글을 읽는 사람이 '모를 만한 단어'이지 '남들도 모두 모르는 단어'는 아닙니다. 읽기 지능을 높인다는 건 아이의 독해력을 높인다는 의미이므로 모르는 단어를 찾고 그 뜻을 알아보는 것까지 아이가 직접 해야 합니다. 이 과정이 다소 지루하게 느껴질지라도 꼭 해봐야 읽기 지능을 높일 수 있어요. 또한 단어의 뜻은 종이 사전에서 찾아도 좋지만 빠른 독해를 위해 온라인 사전을 활용하는 것도 나쁘지 않습니다.

물론 찾는 것에서 그치지 말고 그 단어를 잘 이해할 수 있게 반복해서 읽는 등 노력이 필요합니다. 단어의 뜻을 파악한 후에는 이해도를 높일 수 있게 지문을 다시 읽게 하는 것도 잊지 마세요.

4단계: 문단별 소제목 짓게 하기

이제 문단 중심의 글 읽기를 할 차례입니다. 방법은 무척 간단합니다. 지문이 몇 문단인지 나누어 보고 각 문단의 중심 문장을 찾은 후 소제목을 붙이면 됩니다. 글을 작은 단위로 나누어 읽는다고 생각하면 됩니다.

그런데 이 단계는 생각보다 만만치 않습니다. 문단의 소제목을 지으려면 내용을 완전히 이해해서 간결하고 명확한 언어로 표현할 줄 알아야 합니다. 그러려면 능숙하게 요약하는 능력이 필요한데, 이 능력은 독해의 끝이라고 할 정도로 어렵습니다.

이럴 때는 부모가 조금 지혜를 발휘해서 도와주어야 하는데요. 각 문단의 소제목을 미리 제시하고 빈칸의 단어를 채우게 해줘도 충분합니다. 예를 들어 다음 문단의 소제목으로 적당한 것은 '떡볶이의 주재료'입니다. 아이에게는 '떡볶이의 (   )'라는 식으로 제시하면 됩니다.

떡볶이의 ·················

떡볶이의 주재료는 쌀로 만든 떡입니다. 떡은 부드럽고 쫄깃한 식감이 특징입니다. 양념으로는 고추장, 간장, 설탕, 다진 마늘 등이 들어갑니다. 여기에 양파, 대파, 어묵, 계란 등을 추가해서 풍성한 맛을 낼 수 있습니다. 떡과 양념이 잘 어우러져서 매콤하고 달콤한 맛을 즐길 수 있습니다.

가정에서 부모가 이것을 실천할 수 있을지 염려된다면 한 가지 팁을 더 소개하겠습니다. 바로 챗GPT를 활용하는 것인데요. 독해 문제집의 지문을 사진으로 찍어 전송한 후 문단별 소제목을 지어달라고 해보세요. 부모가 많이 고심하지 않아도 될 만큼 챗GPT가 멋지게 수행해 줄 겁니다. 학습의 질도 높일 수 있고요.

5단계: 요약글 작성하게 하기

방금 이야기한 대로 독해의 끝은 글쓰기입니다. 요약할 줄 알아야 그 글을 제대로 이해했다고 할 수 있습니다. 요약은 우선 문단별로 진행해야 합니다. 아이에게 각 문단의 내용을 한 문장으로 요약하게 해주세요. 보통 중심 문장을 찾으라고 하지만 중심 문장이 뚜렷하지 않은 글도 많습니다. 그러니 내용을 이해하고 아이가 줄여서 말해보게 해야 합니다. 처음에는 지문 그대로 읽거나 제대로 요약하기 힘들어할 거예요. 그럴 땐 어른이 곁에서 계속 말을 다듬어 주어야 합니다. 그리고 각 문단을 요약한 내용을 이으면 전체 요약이 되는데요. 이 또한 아이가 어렵게 느낀다면 미리 요약된 내용을 제시하고 괄호 채우기만 하게 해주세요.

이렇듯 비문학 지문 읽는 법에 대해 설명했는데 시중 독해 문제집은 대부분 왼쪽에 지문, 오른쪽에 문제가 나와 있어서 아이가 지문을 제대로 읽지 않고 문제부터 푸는 경우가 많습니다. 물론 문제를 먼저 훑어보면 읽기 기준이 생기기 때문에 지문이 눈에 잘 들어오기도 하는데요. 단순히 읽기 싫어서 문제를 바로 푸는 경우라면 제가 안내한 방식을 꼭 해보길 바랍니다. 특히 1단계에서 3단계는 시중 독해 문제집에 거의 구현되어 있지 않으므로 가정에서 부모의 안내가 조금 필요합니다.

또한 독해의 마지막 단계인 요약하기까지 설명했으나 여기서 소개한 방법은 아이의 학년 또는 읽기 지능에 따라 유연하게 적용해야 합니다. 초등 1~3학년은 1단계에서 3단계까지만 해도 되고 만약 4~5단계까지 한다면 괄호 채우기 등으로 융통성 있게 진행해야 합니다. 읽기 지능이 낮은 경우에도 우선은 1단계에서 3단계까지만 반복하는 것이 좋습니다.

이 과정을 반복하면 단순한 지문 독해를 넘어 읽기 지능 자체가 높아집니다. 낯선 글을 만나도 당황하지 않고 독해해 내는 힘 말이죠. 이러한 과정을 직접 경험해 볼 수 있도록 PART 2 뒷부분에 읽기 지능 활동지를 실었으니 아이와 함께 시도해 보기 바랍니다.

문학 글,
어떻게 읽을까?

비문학 글에 이어서 문학 글 읽는 법도 살펴보겠습니다. 문학은 사실 짧은 지문보다는 맥락이 있는 긴 글을 많이 경험해야 독해 실력이 향상됩니다. 그래서 줄거리가 있는 긴 글 읽기를 기본으로 삼는 것이 좋습니다. 아이의 읽기력과 관심사에 맞는 재미있는 이야기책을 꾸준히 읽게 한다고 보면 됩니다. 이에 대한 자세한 내용은 195쪽의 '읽기 지능을 위해 반드시 읽어야 하는 글'에 설명해 두었습니다.

📘 문학 글을 활용한 독해력 기르기 5단계

이제부터 다섯 단계로 나누어 이야기책을 읽으면서 독해의 기본기를 다지는 방법을 자세히 소개하겠습니다.

아이들은 보통 이야기책을 빠르게 읽어 내려갑니다. 이런 독서도 경험이 많이 쌓이면 나쁘지 않지만 대부분 비슷한 소재나 주제의 책을 빠른 속도로 읽어내기 때문에 독해력이 오히려 정체될 수 있어요. 이때는 다음 전략으로 도움을 줄 수 있습니다.

1단계: 이야기 예측하게 하기

문학을 읽을 때는 이야기를 예측해 보는 것이 중요합니다. 즉 지문의 제목을 보고 어떤 내용일지 미리 상상해 보는 것인데, 한번 해보면 무척 즐겁고 재미있습니다. 또한 제목에 있는 단서들을 활용해 이야기를 미리 구성해 보면서 읽을 글에 대한 이해력을 높일 수 있어요. 예컨대 '마법의 숲과 잃어버린 보물'이라는 제목의 지문이라면 어떤 마법이 있는 숲인지, 그 숲에 있는 보물은 무엇일지, 어떤 사람들이 등장해서 무슨 행동을 할지 자유롭게 상상해 보는 것이죠. 만약 제목이 상징적이라 예측하기 쉽지 않을 때는 지문의 첫 문단 정도를 읽어보게 하는 것도 좋습니다.

2단계: 아이와 글을 연결하기

문학 글도 비문학 글처럼 자기와 연결 지어 읽는 것이 중요합니다. 재미있는 문학 글이라면 각자의 관심사와 상관없이 누구나 잘 읽을 수 있어요. 따라서 여기서 말하는 '아이와 글을 연결하기'란 아이가 자신만의 감상 포인트를 발견해 글의 재미를 더욱 분명하게 느끼게 해주자는 것입니다.

글을 읽으면서 흥미로운 장면, 공감되는 장면, 예상치 못한 내용, 비슷한 경험이 있는 장면, 마음에 드는 인물의 말이나 행동, 마음에 들지 않는 인물의 말이나 행동에 각각 다른 색 펜으로 밑줄을 긋게 해보세요. 이 과정에서 이야기가 더 재미있어지고, 설령 좀 덜 재미있더라도 생각해 보는 과정에서 이야기의 의미를 발견할 수 있습니다. 이것이 바로 문학 지문 읽기의 장점이죠.

3단계: 이야기 구성 파악하게 하기

이제 이야기가 어떻게 구성되어 있는지 살펴보면서 글의 구조를 파악해 볼 차례입니다. 이야기글은 어떤 시공간에서 인물이 등장해 사건을 접하고 해결해 가는 큰 구성을 가지고 있어요. 여기서 기본이 되는 등장인물, 시간 배경(언제), 공간 배경(어디서)을 찾아보도록 해주세요. 인물은 주요 인물 위주로 쓰면 됩니다. 시공간 배경이 지문에 명확히 드러나 있지 않다면 내용을 바탕으로 예측해 보는 것도 좋습니다.

4단계: 이야기 구조 정리하게 하기

이야기 구조는 이야기의 전체 흐름을 뜻합니다. 이야기는 대체로 시작, 과정(갈등), 갈등 해결을 위한 인물의 노력, 결말이라는 구조로 되어 있습니다. 이 흐름에 따라 이야기를 정리해 보는 것인데요. 비문학 지문으로 치자면 요약하기에 해당하는 부분이라 매우 어렵기 때문에 부모가 미리 정리해 주고 나서 괄호 채우기 정도로 시작하는 것이 좋습니다.

5단계: 이야기 주제 찾게 하기

마지막으로 이야기의 주제를 찾아야 하는데요. 사실 문학 독해에서 가장 어려운 부분입니다. 문학에는 어떤 주제든 담겨 있기 마련인데 이를 파악하려면 이야기를 객관적으로 바라볼 줄 알아야합니다. 또한 전체 내용에서 주제를 찾는 것은 추론이 필요하기 때문에 더욱 쉽지 않습니다.

초등 저학년은 읽기 발달 단계상 이야기에 드러난 사실을 파악하는 수준이고, 초등 고학년이 되어야 여러 단서를 바탕으로 주제를 추론해 볼 수 있습니다. 그런데 이는 긴 동화를 읽었을 때이고, 다행히 짧은 지문에서는 주제가 어렵지 않게 드러나서 저학년도 충분히 가능합니다. 주제를 찾을 때는 제목의 의미, 인물의 말이나 행동, 이야기의 결말, 그리고 그와 관련된 자신의 경험을 떠올리며 추측해 보면 좋습니다.

다만 아이가 말을 조리 있게 말하는 능력이 부족해 어려워한다면 단어 중심으로 표현하게 해주세요. 예를 들어 '협력과 용기의 중요성'을 말하는 이야기라면 이렇게 명사를 연결해 명사형 문장으로 구성하기 쉽지 않을 테니 '협력' '용기' 등 단어로 표현하게하고, 그걸 어른이 문장으로 만들어 주면 됩니다.

지금까지 문학 지문 읽는 법을 설명했습니다. 앞서 말했듯이 문학은 긴 호흡의 이야기책을 꾸준히 읽는 것이 기본입니다. 이를 바탕으로 5단계 독해 방법을 익힌다면 이야기책은 물론이고 짧은 문학 지문도 잘 읽을 수 있을 거예요. 다만 가정에서 이 방법을 모두 적용하기 어렵다면 1단계인 '이야기 예측하게 하기'만 따라 해보세요. 이야기책의 표지와 제목만 보고 내용을 예측해 보도록 하면 상상력과 읽기 욕구가 더 자극될 겁니다.

추론 능력을 키우는
일상 대화법

📖 아이의 추론 능력이 점점 떨어지는 이유

읽기 지능의 최종 목표는 추론과 비판입니다. 그중 추론 능력이란 글에 드러난 사실로 드러나지 않은 사실을 알아내는 힘입니다. 웬만한 글은 모든 사실을 일일이 설명하지 않기 때문에 읽는 사람의 추론 능력에 따라 이해도가 달라질 수밖에 없어요.

저는 아이들과 오랫동안 읽기 수업을 해오며 추론 능력이 감소하는 것이 가장 걱정되었는데요. 추론 능력이 부족하면 글을 이해하는 데 어려움을 겪을 뿐만 아니라 평소 대화에서도 문제가 생길 수밖에 없습니다. 다음 예시로 좀 더 자세히 설명하겠습니다.

어른: 지후야, 오늘 우산 가져왔어?

지후: 아니요. 왜요?

어른: 밖에 볼까?

지후: 왜요?

아주 단순한 대화지요? 여기서 어른이 우산을 가져왔는지 묻는 이유는 밖에 비가 오기 때문입니다. 그렇다면 어른이 한 말에 담긴 가장 중요한 단서인 '우산'에 집중해 우산과 관련된 '비'를 떠올려야 하고, '혹시 비가 오나?'라고 생각할 줄 아는 것이 바로 추론입니다. 이해를 돕고자 아주 단순한 사례를 들었는데요. 요즘 아이들과 대화하다 보면 이렇게 단순한 문장도 추론하지 못해 대화가 길게 이어지거나 엉키는 경우가 점점 많아지고 있습니다. 대화할 때도 이렇다면 글을 읽을 때는 당연히 추론 능력이 부족할 수밖에 없겠지요.

독서교육학 이론에서는 추론 능력이 글의 표면 내용을 정확히 이해하는 단계를 넘어서는 고학년에 생긴다고 이야기합니다. 저학년은 추론보다는 표면에 드러난 내용을 이해할 수 있는 단계이고요. 그런데 표면에 드러난 내용을 정확히 이해하려면 사실상 숨겨진 내용도 추론해야 하기 때문에 저학년 때부터 서서히 키워지는 능력이라고 생각하는 것이 더 좋습니다. 고학년으로 갈수록 점점 더 깊이 있는 글을 읽으면서 심화되는 것이지요.

추론 능력이 점점 부족해지는 이유를 떠올려 보면 '생각하지 않는' 생활 습관 때문이 아닐까 합니다. 지금은 뭐든 검색해서 찾으면 답이 나오고, 매일 바쁜 일과로 아이들이 생각할 시간이 없어지고 있어요. 그나마 시간이 나면 유튜브와 쇼츠를 보느라 '팝콘 브레인'(강한 자극에만 반응하고 다른 것에는 무감해지는 현상)이 되어가는 상황에서 추론 능력을 키우기는 어렵겠지요. 또한 고차원의 추론 능력은 읽기량이 어느 정도 축적되어야 하는데 읽기 자체가 줄어드는 요즘은 더욱 어려울 것입니다.

📖 일상 대화로 추론 능력 키우는 법

글을 읽을 때 필요한 추론 능력을 키우기에 앞서 일상에서 추론 능력을 향상시켜 주어야 합니다. 앞서 이야기했듯 추론 능력이 부족한 아이는 말의 숨은 뜻이나 의도를 잘 파악하지 못해서 대체로 대화를 부드럽게 이어나가지 못합니다. 대화 도중 슬쩍 "네?" 하고 다시 질문하는 경우도 많지요. 상대방의 말에 담긴 의도를 잘못 이해해서 행동하는 경우도 있습니다. 안타깝게도 이러한 이유로 친구들 사이에서 소외되기도 해요. 그만큼 읽기와 마찬가지로 말과 글의 추론 능력은 살아가는 데 필수입니다.

필요 이상의 유아어 사용 지양하기

추론 능력을 키우려면 가장 먼저 아이를 지나치게 어리게 보는 대화를 지양해야 합니다. 5~6세 정도만 되어도 웬만한 대화가 가능하기 때문에 유아어를 쓰지 않고 어른과 대화하듯 하는 것이 좋습니다. 어려운 단어를 일부러 쓸 필요는 없지만 쉬운 단어를 찾아 지나치게 알려주는 것도 바람직하지 않습니다. 편안한 대화로 아이가 자연스럽게 말의 의도를 파악하고 적절한 대답을 떠올릴 기회를 주세요.

간접적 지시로 대화하기

앞서 소개한 대화 예시와 같이 아이의 추론 능력을 키우고자 한다면 지시할 때도 직접적인 지시보다 간접적 지시가 좋습니다. 예를 들어 비가 올 때 "우산 가져가"보다는 "비가 오네?"라고 말하거나 "숙제 시작해야지"보다는 "저녁 7시구나"라고 말하는 것이죠. 대표적인 대화 사례는 다음과 같습니다.

🔅 직접적 지시와 간접적 지시의 비교 사례

직접적 지시	간접적 지시
우산 가져가.	비가 오네?
숙제 시작해야지.	저녁 7시구나.
이제 집에 가야지.	벌써 두 시간 놀았네.
그만 들어가자.	어두워지고 있어.
그만 들어가서 자.	지금 몇 시지?
책상 좀 치우자.	책상에 책 놓을 공간이 없네?
뛰지 말자.	길이 너무 가팔라 보인다.
독서 학원 가야지.	오늘 무슨 요일이지?
엄마한테 말 걸지 마.	오늘 너무 피곤해서 좀 쉬고 싶어.
옷 더 입어.	몸을 벌벌 떠네?
얼른 씻어.	몸에 먼지 많이 묻었겠다.
음악 소리 줄이자.	거실에서 지금 동생 수업 중이야.

이 정도는 어렵지 않게 가능하다고 생각할 수도 있습니다. 하지만 일상생활에서는 급한 마음에 직설적으로 표현할 때가 많아요. 또한 아이가 지시를 듣고도 바로 움직이지 않으면 더욱 그럴 수밖에 없습니다. 그럴수록 사소한 것이라도 아이 스스로 생각해서 판단할 수 있게 해주세요.

일상에서 많은 질문하기

마지막으로 일상에서 아이에게 질문을 많이 해주세요. 사람은 질문을 받으면 본능적으로 그 질문과 그 속에 담긴 의도를 머릿속에 떠올려 보게 되어 있습니다. 아이가 바로 답하지 못하더라도 질문은 마음속에 남기 마련이므로 꾸준히 질문하는 것이 중요합니다. 예를 들어 "학교는 무조건 가는 거지, 학생의 기본이야"라고 말하기보다는 "학교는 왜 가야 할까?"와 같은 질문을 하는 거예요. 사례를 더 살펴볼까요?

💡 정답 제시하기와 질문으로 생각 유도하기의 비교 사례

정답 제시하기	질문으로 생각 유도하기
학교는 무조건 가는 거야.	학교는 왜 다녀야 할까?

학생의 기본은 공부야.	공부는 왜 해야 할까?
그냥 시키는 대로 해.	네 생각은 어때?
겨울이니까 당연히 춥지.	겨울에는 왜 추울까?
어른 말씀은 잘 들어야지.	어른들의 말은 모두 옳을까?
그 아이하고 놀지 마.	좋은 친구는 어떤 친구일까?
숙제 다 하고 놀아.	숙제 다 하고 놀면 뭐가 좋을까?
아침밥을 먹어야 학교 가지.	아침밥을 꼭 먹어야 할까?
동생 때리지 마.	때리는 행동은 왜 나쁠까?

　　어른들은 아이를 가르쳐야 한다는 생각에 무의식중에 정답을 제시할 때가 많습니다. 아이에게 모든 선택권을 줄 수는 없지만 스스로 생각해 볼 기회는 줄 수 있어요. 어른들이 옳다고 믿는 것이 때론 틀릴 수도 있고요. 답을 알려주고 싶을 땐 잠시 멈추고 질문으로 바꿔보세요. 이 과정에서 아이의 추론 능력이 향상될 겁니다.

이야기글로 추론 능력
키우는 법

글을 읽는 것은 그 자체가 추론의 과정입니다. 한 문장에서 다음 문장으로 넘어가는 일은 단순히 글자들을 읽어나가는 것이 아닙니다. 앞의 문장들을 바탕으로 다음 문장들의 의미를 추론하며 끊임없이 의미를 구성해 가는 일이지요. 짧은 지문을 읽으며 이해하는 것을 독해라고 하고, 책을 읽는 것을 독서라고 하는데요. 둘 다 추론 능력이 필요합니다. 이 능력이 부족하면 글이든 책이든 끝까지 읽기 어렵습니다.

추론 능력이 글 읽기의 중요한 요소라는 점을 다음 글을 통해 자세히 설명하겠습니다.

A: 민수는 어디 갔어?

B: 축구 가방이 없네.

A: 더운데 물은 챙겨 갔나?

B: 아이고, 여기 물통이 그대로 있네. 당신 닮아 깜빡깜빡한다니까.

물통을 발견한 민수 엄마가 베란다로 향했다.

B: 민수야! 물통 가져가야지.

이제 막 아파트 밖으로 나가려던 민수가 위를 쳐다봤다. 그러곤 손에 든 생수병을 들어 보이며 웃었다.

이 글을 읽고 어떤 점을 추론해 볼 수 있을까요? 우선 '당신 닮아'라는 문구와 베란다로 향한 사람이 엄마라고 한 것으로 보아 "민수는 어디 갔어?"라고 말한 사람은 민수 아빠일 가능성이 높습니다. 또한 "축구 가방이 없네"라는 대사를 통해 민수가 축구를 하러 갔다는 사실을 짐작할 수 있습니다. 정확한 단어로 표현하지는 않았지만 민수 엄마의 대사에 드러나는 '덜렁거리는 민수의 성격'도 추론해 볼 수 있죠.

짧은 글을 예시로 들다 보니 이 정도는 어렵지 않다고 생각할 수도 있습니다. 하지만 이 정도 글을 읽고도 '아빠'라는 단어가 나오지 않았다며 아빠는 없다고 하는 아이들도 있어요. 이처럼 소소한 것도 추론하지 못하면 내용을 이해할 수 없으니 결국 글을 끝까지 읽어나가지 못합니다.

당연한 이야기지만 글이 길수록 이런 추론 과정이 지속적으로 이어져야 합니다. 따라서 짧은 글도 제대로 읽지 못한다면 긴 글은 더더욱 읽기 어렵습니다. 그럼 이제 이야기글을 읽을 때 어떤 요소들을 추론해야 하는지 살펴보겠습니다.

📖 어휘 뜻 추론 방법

글을 읽을 때 어휘의 뜻을 추론하는 과정은 추론 능력을 기르는 데 필수입니다. 어휘는 글 이해의 핵심 요소입니다. 이야기글은 몇몇 어휘를 몰라도 전체 맥락으로 글을 읽을 수 있습니다. 하지만 정확하고 세밀하게 내용을 이해하려면 어휘 뜻을 추론하는 능력이 필요합니다. 그렇다면 다음 글에서 '공평하다'가 어떤 뜻인지 알려면 어떻게 해야 할까요?

> "토끼 인형은 내가 먼저 가질 거야!"
> 지훈이가 말했습니다.
> "그건 공평하지 않아! 나도 갖고 싶어!"
> 유진이가 대답했습니다.

해당 문장의 앞뒤를 살펴보면 누구나 뜻을 알 수 있습니다. 그럼에도 이 설명을 굳이 하는 이유는 의외로 많은 사람이 추론해 보려 하지 않고 대강 읽고 넘어가기 때문입니다. 지훈이가 인형을 갖겠다는 말에 유진이가 공평하지 않다고 말했다면 '공평하다'는 아마도 서로에게 평등한 것을 뜻하는 말이겠지요. 다음 순서에 따라 아이에게 어휘 뜻을 추론하게 해보세요.

1. 글에서 모르는 어휘를 찾게 한다.

2. 그 어휘가 포함된 앞뒤 문장을 읽게 한다.

3. 그래도 어휘 뜻을 파악하지 못하면 한 페이지 정도 더 보게 한다.

4. 어휘 뜻을 추론해 보게 한다.

5. 사전에서 어휘 뜻을 찾아보게 한다.

6. 뜻을 고려해 어휘로 문장을 써보게 한다(직접 경험한 상황을 담은 문장이면 더 좋음).

📖 인물 성격 추론 방법

인물 성격 또한 추론하며 읽어야 글을 제대로 이해할 수 있습니다. 인물 성격은 대개 글에 직접적으로 드러나지 않고 인물의 말과 행동에 조금씩 녹아들어 있습니다. 따라서 차근차근 읽어보며 세심하게 살펴봐야 합니다.

인물의 말을 통한 성격 추론하게 하기

다음 글에서 밑줄 친 미나와 준호의 '말'을 바탕으로 각 인물의 성격을 추론해 보세요.

> 미나와 준호네 마을에는 넓은 공원이 있어요. 어느 날 미나와 준호가 이곳에서 놀기로 했어요.
> "뭐하고 놀까?"
> 준호가 묻자 미나가 말했어요.
> "어제 자기 전에 생각해 봤는데 나는 꽃도 보고 곤충도 관찰할 거야. 너는 뭐하고 싶어?"
> "몰라, 일단 가보자!"

밑줄 친 인물의 '말'을 살펴보면 미나는 준비성과 계획성이 있는 성격으로 보입니다. 준호는 계획성이 있어 보이진 않네요. 편의상 짧은 지문을 예로 들었지만 긴 글에서는 인물의 대사를 더많이 살펴봐야 성격을 제대로 추론할 수 있습니다.

인물의 행동을 통한 성격 추론하게 하기

이번에는 인물의 행동을 보고 성격을 추론해 보겠습니다. 다음 글에는 준호의 행동에 밑줄이 그어져 있습니다.

> 미나가 가만히 앉아 꽃을 보고 있던 순간, 준호가 찬 공이 미나가 보고 있던 꽃밭에 떨어졌어요.
> 미나가 말했어요.
> "공을 조심해 주면 어떨까? 꽃이 다 망가질 것 같아."
> "안 망가졌잖아."
> 준호는 공을 가져가더니 다시 세게 찼어요. 이번에는 공이 꽃을 망가뜨리고 말았어요.

밑줄 친 내용을 살펴보면 준호는 조심성이 없는 성격으로 보입니다. 준호의 '행동'을 보고 추론할 수 있는 것이죠. 첫 번째 밑줄만 보면 실수라고 생각할 수도 있지만 두 번째 밑줄을 보면 그렇지 않다는 걸 알 수 있습니다. 공이 이미 한 번 꽃밭에 떨어졌는데도 다시 공을 차서 꽃밭에 떨어뜨린 것을 보면 워낙 조심성이 없는 성격임이 분명하죠. 다음 순서에 따라 아이에게 인물의 말과 행동으로 성격을 추론하게 해보세요.

1. 글에서 인물이 한 말과 행동을 찾게 한다.
2. 그중에 인물의 성격을 짐작할 수 있는 말이나 행동에 밑줄을 긋게 한다.
3. 짐작한 인물의 성격과 그렇게 생각한 이유를 말하게 한다.
4. 인물의 성격을 추론하려면 어떤 내용에 집중해야 하는지 말하게 한다(말과 행동이라는 것을 스스로 깨닫게 할 것).

📖 주제 추론 방법

마지막으로 주제를 추론해 볼 차례입니다. 모든 이야기는 주제를 담고 있습니다. 그리고 주제를 대부분 명시적으로 드러내지 않는데, 그게 바로 이야기의 매력이기도 하죠. 즉 이야기는 주제를 직접 말하지 않는 대신 인물들의 삶과 갈등을 보여주며 읽는 사람이 자연스레 느끼게 합니다. 오히려 이 방식이 전달력이 더 크지요. 예를 들어 '고운 말을 쓰라'고 말하는 사람보다 직접 고운 말을 쓰는 사람에게서 느껴지는 분위기가 고운 말을 하게끔 이끄는 것처럼요.

그럼 다음 글을 통해 주제를 어떻게 추론하는지 살펴보겠습니다.

> **사과하는 용기**
>
> 미술 시간, 지윤이 물감 칠을 하다 실수로 민호의 우주 그림에 물감을 튀겼습니다. 민호가 당황하며 항의하자 지윤은 "왜 하필 네가 내 옆자리야!"라고 대답했죠. 민호는 더욱 속상했고 지윤은 울면서 교실을 나갔습니다.
>
> 수업이 끝난 후, 선생님은 지윤에게 "민호도 속상했을 거야. 잘못한 사람이 사과하는 게 옳아"라면서 사과하라고 조언했습니다. 다음 날, 지윤은 민호에게 사과했고 민호는 이를 받아들였습니다. 두 친구는 화해하며 서로의 감정을 이해했습니다.

이 글은 지윤이가 민호의 그림을 망쳤지만 사과하지 못하다가 선생님 말씀을 듣고 사과한다는 이야기입니다. 주제가 매우 명확하죠? 잘못을 했을 때는 사과해야 한다는 것입니다. 추론 방법을 설명하기 위한 글이라 짧고 명료해서 금방 짐작할 수 있는데요. 글이 길수록 주제를 추론하는 일이 쉽지 않습니다.

그렇다면 우리는 어떻게 주제를 추론할 수 있었을까요?

제목으로 추론하게 하기

먼저 제목을 보세요. '사과하는 용기'에서 이미 이야기의 주제가 은근히 드러납니다. 물론 이야기글의 제목은 상징적인 경우도 많아 주제를 추론하기에 적절하지 않을 때도 있습니다. 하지만 이 글처럼 명확한 경우에는 제목에서 주제를 추론해 볼 수 있어요.

대화로 추론하게 하기

또한 선생님이 지윤이에게 한 말인 "민호도 속상했을 거야. 잘못한 사람이 사과하는 게 옳아"에서도 주제를 추론해 볼 수 있습니다. 이야기글은 글쓴이가 인물의 대사에 자신의 생각을 담아놓는 경우가 있거든요.

결말로 추론하게 하기

이야기의 결말에서도 주제를 찾을 수 있습니다. 이 글의 경우 사과의 중요성을 이야기하기 위해 지윤이가 사과하는 것으로 끝맺습니다. 만약 지윤이가 용기를 내지 못해 사과하지 못했다면 주제는 '사과하는 것의 어려움'이 되었겠지요.

주제를 추론하기 위해 어떻게 읽어야 하는지 정리하면 다음 순서와 같습니다.

1. 제목이 담고 있는 의미를 생각해 본다.
2. 주제와 관련되어 있을 것 같은 인물의 대사를 찾아본다.
3. 이야기의 결말을 살펴본다.
4. 작품의 주제를 추론해 본다.
5. 주제에 대해 의견을 말해본다.

지금까지 글을 읽고 어휘, 인물 성격, 주제를 추론하는 방법에 대해 알아보았습니다. 세 가지를 모두 추론할 줄 알아야 글을 이해하는 힘이 생기기에 나누어 설명했지만 마음에 드는 이야기책을 꾸준히 읽으면 이 세 가지 추론 능력을 자연스럽게 다 같이 키울 수 있습니다. 오늘도 우리 아이가 이야기책을 읽고 있다면 흐뭇하게 바라봐 주세요.

속담으로 추론 능력
키우는 법

앞서 추론 능력을 키우기 위한 일상 대화법과 글 읽는 법을 소개했는데요. 언어 교육의 기본인 듣기, 말하기, 읽기, 쓰기는 모두 일상에서 시작됩니다. 그리고 이 네 가지는 따로 성장하는 게 아니라 어느 정도 유기적으로 얽히며 발전합니다. 문자를 배우기 전에는 주로 듣기와 말하기가 발전하고, 문자를 배운 후에는 읽기와 쓰기가 더해져 네 가지가 교차하며 발전하는 식입니다.

아이가 말하기를 시작하는 시점부터 일상 대화에 많이 사용하면 추론 능력을 키우는 데 도움이 되는 것이 있습니다. 바로 '속담'입니다. 속담은 기본적으로 은유와 비유로 이루어진 경우가 많습니다. 예를 들어 '가는 말이 고와야 오는 말이 곱다'는 다른 사람에게 친절하게 대하면 상대방도 친절하게 대할 것이라는 뜻을 비유적으로 표현한 것입니다. 여기서 '가는 말'과 '오는 말'은 실제 말을 뜻하기도 하지만 사람들 간의 태도와 관계를 나타내지요. '하늘의 별 따기'는 매우 어려운 목표를 이루려는 것을 표현합니다. 별을 따는 것처럼 매우 어렵다고 비유한 것이죠.

　이처럼 속담을 자주 접하다 보면 상황 맥락 속에서 자연스럽게 뜻을 추론하게 되고, 이런 과정이 반복되면서 추론 능력이 향상됩니다. 문제는 속담을 암기하라고 하거나 보여주기만 해서는 추론 능력에 도움이 되지 않는다는 거예요.

추론 능력을 키워주는 올바른 속담 학습법

그렇다면 속담의 뜻을 추론하며 결과적으로 추론 능력을 향상하려면 어떻게 해야 할까요? 다음 순서대로 따라 해보세요.

1. 일상 대화에서 속담을 의도적으로 사용한다.

2. 대화 맥락과 상황을 통해 어떤 뜻인지 짐작해 보게 한다.

3. 속담의 뜻을 자세히 설명해 준다.

4. 속담과 관련된 경험을 말하게 한다.

5. 그 속담을 넣어 4번 내용을 문장으로 쓰거나 말하게 한다.

예를 들어 '누워서 떡 먹기'라는 속담을 사용했다면 다음 대화를 통해 아이가 속담의 뜻을 추론할 수 있겠지요.

어른: 오늘 설거지 다 끝냈다. 매일 하는 설거지는 누워서 떡 먹기지!

아이: 그게 무슨 뜻이에요?

어른: 매일 하는 건 쉬울까, 어려울까?

아이: 쉬워요.

어른: 그럼 누워서 떡 먹기는 어떤 뜻일까?

아이: 쉽고 간단하다는 뜻이요?

어른: 맞아! 누워 있는 것은 정말 편하고, 떡 먹기는 어렵지 않으니까 '누워서 떡 먹기'는 아주 쉽고 간단한 일을 말해. 너는 어떤 일이 누워서 떡 먹기야?

아이: 수학 문제 풀기요. 매일 하니까 이제 잘해요.

어른: 와, 그렇구나. 수학 문제 풀기가 너에게는 '누워서 떡 먹기'구나.

이 대화와 같이 일상에서 사용하는 속담의 뜻을 자연스럽게 설명하고 아이도 사용해 보게 하는 것이 핵심입니다. 특히 아이가 자신의 경험으로 그 속담을 다시 한번 이해할 수 있게 질문을 던지는 것이 중요합니다.

학부모와 상담하다 보면 자녀가 대화를 잘 이해하지 못하고, 심지어 쉬운 어휘도 이해하지 못해서 걱정이라는 이야기를 자주 듣는데요. 걱정하기보다 하나씩 가르쳐 주면 어떨까요? 이러한 방식으로 아이의 추론 능력을 키우기에 좋은 속담과 그 뜻을 다음 페이지에 정리했습니다. 속담마다 간단한 뜻풀이뿐 아니라 어떤 비유와 은유가 사용되었는지도 덧붙였지요. 이를 바탕으로 가정에서 잘 활용해 보길 바랍니다.

대표적인 속담과 뜻

속담	뜻
가는 말이 고와야 오는 말이 곱다.	다른 사람에게 친절하게 대하면 상대방도 친절하게 대한다는 뜻이다.
가는 길에 개구리	작은 일에 신경 쓰지 말라는 뜻이다. 주변에서 흔히 볼 수 있는 개구리와 같이 사소한 문제에 연연하지 말라는 것이다.
가랑비에 옷 젖는 줄 모른다.	사소한 것들이 쌓여서 큰 영향을 미친다는 뜻이다. 가랑비는 양이 적지만 계속되면 옷이 젖듯이 작은 것들이 큰 결과를 만든다.
가는 날이 장날	일이 잘 안 맞아 불편한 상황을 의미한다. 계획한 날이 시장이 열리는 날과 겹치듯 예상치 못한 일이 발생하는 상황을 말한다.
말 한마디에 천 냥 빚도 갚는다.	적절한 말 한마디가 천 냥 빚처럼 어려운 일에도 큰 영향을 줄 수 있다는 뜻이다.
말이 씨가 된다.	입 밖으로 꺼낸 말이 실제로 결과를 낳을 수 있다는 의미다. 말이 씨가 되어 자라는 것은 발언의 결과를 상징한다.
낙숫물이 떨어지면 돌을 뚫는다.	꾸준한 노력으로 큰 결과를 이룰 수 있다는 의미다. 낙숫물이 돌을 뚫듯이 지속적인 노력이 중요하다는 것이다.
낫 놓고 기역자 모른다.	간단한 것도 제대로 알지 못한다는 의미다. 농사 도구인 '낫'과 한글 자음 기역자가 매우 비슷한데도 모른다는 데서 나온 말이다.

내일은 내일의 해가 뜬다.	오늘 걱정하지 말고 내일의 일은 내일 고민하라는 뜻이다. 해가 뜨는 것은 새로운 시작과 자연스러운 흐름을 상징한다.
누워서 떡 먹기	누워서 떡을 먹는 것처럼 아주 쉬운 일이라는 의미다.
다 된 밥에 재 뿌리기	다 된 밥에 재를 뿌리면 먹을 수 없듯 거의 다 된 일을 방해하거나 망치는 행동을 의미한다.
달면 삼키고 쓰면 뱉는다.	자신에게 유리한 것만 받아들이고 불리한 것은 거부하는 태도를 의미한다.
믿는 도끼에 발등 찍힌다.	자신이 믿고 의지하는 것에서 오히려 해를 입게 된다는 의미다.
바늘 도둑이 소도둑 된다.	작은 잘못을 자꾸 저질러서 버릇이 되면 점점 큰 잘못을 저지를 수 있다는 의미다.
바늘방석에 앉다.	바늘방석에 앉으면 불편해서 안절부절못하듯 매우 불안하거나 조마조마한 상태를 의미한다.
벼 이삭은 익을수록 고개를 숙인다.	능력이 클수록 겸손해야 한다는 의미다. 벼가 익어갈수록 고개를 숙이듯이 자질이 뛰어난 사람일수록 더 겸손하다.
사공이 많으면 배가 산으로 간다.	여러 사람이 저마다 의견을 내면 배가 물로 못 가고 산으로 가듯이, 일이 제대로 풀리지 않고 혼란스러워진다는 뜻이다.
사촌이 땅을 사면 배가 아프다.	다른 사람의 성공을 부러워하거나 질투하는 마음을 뜻한다.
아는 길도 물어 가라.	아무리 잘 아는 일이라도 확실히 확인하라는 뜻이다.

아는 것이 힘이다.	지식이나 정보가 힘이 된다는 뜻이다.
지렁이도 밟으면 꿈틀한다.	아무리 순한 사람이라도 괴롭히면 반응한다는 뜻이다.
평안 감사도 저 싫으면 그만이다.	아무리 좋은 것도 상대방이 싫어하면 소용없다는 뜻이다.
티끌 모아 태산	작은 것들이 모여 큰 결과를 이룬다는 뜻이다.
팔은 안으로 굽는다.	자기와 가까운 사람을 챙기는 것이 자연스럽다는 뜻이다.
흙 속의 보석	겉으로는 평범해 보이지만 실제로는 매우 귀한 것을 뜻한다.
화살이 날아가면 되돌릴 수 없다.	날아간 화살을 잡을 수 없듯 한번 지나간 일은 되돌릴 수 없다는 뜻이다.
호랑이 굴에 가야 호랑이 새끼를 잡는다.	뜻하는 성과를 이루려면 호랑이 굴에 가듯 위험을 감수할 줄 알아야 한다는 뜻이다.
해가 지면 달이 뜬다.	자연의 순리처럼 어려운 시기도 결국 지나서 좋은 시기가 온다는 뜻이다.
하늘의 별을 따고 싶다면 높은 곳에 올라야 한다.	별을 따는 것처럼 큰 목표를 이루려면 그만큼 노력해야 한다는 뜻이다.

관용어로 추론 능력
키우는 법

추론 능력을 키우기 좋은 또 다른 방법으로 관용어가 있습니다. 관용어란 2개 이상의 낱말이 모여 원래와는 다른 뜻을 가지게 된 표현을 말합니다. 예를 들어 '손톱 밑 가시'라는 표현은 실제로 손톱 밑에 가시가 있다는 게 아니라 매우 짜증 나고 귀찮은 일을 뜻하지요. '손이 크다'도 실제 손의 크기가 아니라 씀씀이가 무척 크다는 뜻입니다.

관용어는 특정한 상황을 더 실감 나게 이해하게 해줍니다. 또한 어떠한 상황이나 상태를 짧은 말로 효과적으로 전달할 수 있어 언어의 경제성 면에서도 좋지요. 그러면 관용어로 어떻게 추론 능력을 키울 수 있는지 알아보겠습니다.

📓 추론 능력을 키워주는 올바른 관용어 학습법

우리말은 특히 관용어가 발달했는데요. 그러다 보니 일상생활에서 주변 사람의 말이나 책 속 문장을 통해 조금씩 관용어에 익숙해집니다. 처음 만나는 관용어라도 상황 맥락이나 문맥 안에서 추론하다 보면 추론 능력이 자연스럽게 향상되죠. 그러나 일상에서 관용어를 접할 기회를 무작정 늘릴 수는 없기 때문에 곁에서 도와주어야 합니다. 다음처럼 속담과 같은 방법으로 관용어를 활용할 수 있습니다.

1. 일상 대화에서 관용어를 의도적으로 사용한다.
2. 대화 맥락과 상황을 통해 어떤 뜻인지 짐작해 보게 한다.
3. 관용어의 뜻을 자세히 설명해 준다.
4. 관용어와 관련된 경험을 말하게 한다.

5. 그 관용어를 넣어 4번 내용을 문장으로 쓰거나 말하게 한다.

우리 어른들은 관용어에 익숙해서 자신도 모르는 사이에 일상생활에서 자주 사용합니다. 이를 적극적으로 활용해 보세요. 그리고 다음 대화문과 같이 아이가 관용어의 뜻을 물어보면 자연스럽게 설명해 주며 추론 능력 향상을 도울 수 있습니다.

어른: 아빠가 오늘도 늦네.

아이: 그러니까요. 우리 아빠는 맨날 약속이 있잖아요.

어른: 발이 넓어서 그래. 친구부터 회사 사람들까지 아는 사람이 정말 많거든.

아이: 나는 친구가 많지 않은데 아빠는 다르네요.

어른: 그러니까 말이야. 발이 넓다는 말이 무슨 뜻인지 알겠지?

아이: 네, 그냥 뭐 아는 사람이 많다는 뜻 같은데요?

어른: 맞아. '발'이랑 '넓다'를 합쳐서 아는 사람이 많고 활동하는 범위도 넓은 걸 말해. 네 주변에도 발 넓은 사람이 있니?

아이: 우리 할머니도 그러시잖아요. 매일 바쁘게 여기저기 다니시니까요.

어른: 아, 맞다. 그러고 보니 네 아빠가 할머니를 닮았나 보네.

아이: 네, 아빠도, 할머니도 발이 참 넓으시네요!

추론 능력을 키우기 위해서는 친절한 설명보다 아이 스스로 생각해 볼 수 있게 유도하는 것이 중요합니다. 관용어를 일부러 더 많이 사용하고, 아이가 그에 대해 질문하면 생각할 수 있는 방향으로 대화를 이어가 주세요.

마지막으로 추론 능력을 키우기에 좋은 관용어 30개와 뜻을 표에 정리해 보았습니다. 이 표를 자주 들여다보며 어른이 먼저 적극적으로 사용해 보세요. 평소 대화할 때 자신도 모르게 관용어를 어느 정도 사용할 테지만 일부러 더 자주 사용하면 좋습니다. 아이는 관용어를 들으면 그 자리에서 바로 뜻을 묻지 않더라도 상황 속에서 의미를 짐작하며 추론 능력을 키워갈 거예요.

🔦 대표적인 관용어와 뜻

관용어	뜻
발이 넓다.	사귀어 아는 사람이 많아 활동하는 범위가 넓다.
손이 크다.	한꺼번에 많은 것을 주거나 과하게 행동하는 성격이다. 음식이나 선물을 많이 주는 경우를 말한다.

발 벗고 나서다.	어떤 일을 돕거나 문제를 해결하기 위해 적극적으로 나선다는 뜻이다.
간발의 차이	아주 작은 차이, 거의 같은 정도의 차이를 말한다.
손발이 맞다.	두 사람 또는 어떤 팀이 서로 힘을 모아 일을 잘 해내는 것을 말한다.
손이 맵다.	일하는 것이 빈틈이 없고 매우 야무지다는 뜻이다.
골머리를 앓다.	문제 해결을 위해 머리를 쥐어짜듯 심각하게 고민하는 것을 말한다.
귀가 얇다.	남의 말을 쉽게 믿거나 영향을 많이 받는 상황을 가리킨다.
눈앞이 캄캄하다.	미래가 보이지 않아 막막한 상태를 말한다.
두말하면 잔소리	이미 잘 알고 있거나 분명한 사실을 다시 반복해 말하는 것이 불필요하다는 뜻이다.
머리를 맞대다.	여러 사람이 모여 함께 문제 해결에 대한 아이디어를 내거나 힘을 모으는 상황을 말한다.
이를 갈다.	목표를 세우고 결심하는 것이나 마음을 굳게 먹고 복수를 계획하는 상황을 말한다.
입에 침이 마르다.	무엇에 대해 매우 칭찬하는 것을 말한다.
배가 아프다.	다른 사람의 성공이나 행복을 질투하는 것을 말한다.
낯을 가리다.	처음 만난 사람과 어색하거나 서먹하게 행동하는 것을 의미한다.

간이 크다.	용기가 많고 대담하거나 위험을 감수하고 도전한다는 뜻이다.
어깨가 무겁다.	책임감이나 부담이 크다는 뜻이다.
무릎을 치다.	어떤 사실을 알게 되거나 깨닫는 순간을 말한다.
바람을 넣다.	다른 사람에게 어떤 행동을 하게끔 부추기는 것을 말한다.
뜬구름 잡다.	비현실적이거나 실현 가능성이 없는 계획 또는 아이디어를 세우는 상황을 말한다.
쥐도 새도 모르게	아무도 알지 못하게 어떤 행동을 한다는 뜻이다.
파리 날리다.	손님이나 사람이 전혀 없어서 매우 한가한 상황을 말한다.
가시방석에 앉다.	매우 불편하거나 걱정스러운 상황에 처한 상태를 말한다.
엎지른 물	이미 일어난 일이나 꺼낸 말을 되돌릴 수 없다는 뜻이다.
담을 쌓다.	누군가와 관계를 끊거나 완전히 멀어진다는 뜻이다.
그림의 떡	보기만 하고 실제로는 얻을 수 없는 상황을 뜻한다.
국물도 없다.	도움이나 이득이 전혀 없다는 뜻이다.
죽을 쑤다.	실수하거나 실패한 것, 계획이 잘못되거나 기대한 것을 얻지 못하는 상황을 말한다.
파김치가 되다.	매우 피곤하거나 지친 상태를 말한다.
색안경을 끼다.	편견이나 선입견을 가지고 무언가를 바라보는 상태를 말한다.

추론 능력 키우기의 완성,
시 읽기

우리가 독서를 이야기할 때 의외로 놓치는 것이 한 가지 있습니다. 바로 '시'입니다. 독서라고 하면 긴 글로 된 책을 자연스럽게 떠올리기 때문일 텐데요. 우리가 어릴 적에 시를 자주 접하지 않아 그럴 수도 있을 것 같습니다.

시는 우리 곁에 두고 자주 읽어도 좋은 아름다운 문학 작품이에요. 고운 언어로 우리 삶을 노래하는 장르이기 때문이죠. 짧은 시 한 편으로 마음이 쿵 울리기도 하고 설레기도 합니다. 그래서 저도 시를 참 좋아하고 아이들에게 많이 읽어주며 시 읽기를 권하고 있습니다.

시는 비유와 상징을 사용해 화자의 감정과 생각을 전달합니다. 이런 표현 방식은 읽는 사람으로 하여금 시의 숨겨진 의미를 추론하고 해석하는 능력을 키우게 합니다.

예를 들어 '내 마음에 해가 떴다'와 같은 문장은 비유적 표현입니다. 이 문장을 읽으면 '내 마음이 화사하거나 밝다는 뜻이구나'라고 자연스럽게 짐작할 수 있습니다. '학원에서 오는 길, 다정한 친구가 따라온다, 내 걸음 맞추어 따라오는 저 달님'이라는 문장에서는 '달'을 '친구'라고 이해할 수 있고요. '너는 자유, 학원 가는 나는 지렁이'라는 내용의 시 제목이 '새'이고 자신을 '지렁이'에 비유한 것을 보며 '느려서 지렁이라고 했구나' 하고 짐작할 수 있습니다. 이처럼 시를 읽으며 이런 문장을 반복해서 접하고 짐작해 보는 과정이 바로 추론입니다. 즉 시를 읽으면 추론 능력이 향상되는 것이죠.

시의 숨겨진 뜻을 한 번에 파악할 수도 있지만 오래 생각해 봐야 알 수 있는 경우도 많습니다. 시에 쓰이는 시어가 딱 하나만 의미하지 않는 경우도 있고, 시인의 의도와는 다른 방향으로 해석될 수도 있기 때문입니다. 시라는 장르의 특성이 그렇습니다. 따라서 시어의 의미를 다양하게 해석하려는 시도도 추론 능력을 키우는 데 도움이 됩니다. 더욱이 시 한 편이 통째로 은유로 구성된 경우도 있어 시를 처음부터 끝까지 읽는 것만으로도 추론 능력이 성장합니다.

물론 시를 읽는 가장 큰 이유는 사람들의 삶과 마음을 노래하는 시를 통해 마음을 위로하고 삶에 즐거움을 더할 수 있기 때문임을 잊지 말아야 합니다. 앞서 이야기했듯 시를 읽는 것만으로도 추론 능력을 키울 수 있지만 여기서는 좀 더 적극적으로 활용할 수 있는 방법을 제안하겠습니다.

📖 추론 능력을 키워주는 올바른 시 읽기

다음은 아이의 추론 능력을 키우기 위한 시 읽기 순서입니다. 잘 읽고 따라서 실천해 보세요.

1. 시의 제목을 다르게 지어보며 전체 맥락을 파악하게 한다.
2. 시에 사용된 은유, 비유, 상징의 의미를 파악하는 질문을 던진다.
3. 시의 주제를 생각해 보게 한다.

4. 시에서 느껴지는 감정을 말하게 한다.

5. 같은 제목으로 다른 느낌이나 주제의 시를 써보게 한다.

이처럼 제목을 다시 지어보며 시의 전체 맥락을 파악하는 것부터 은유, 비유, 상징을 이해하고 제목은 같으나 다른 느낌과 주제의 시를 써보는 과정을 거칩니다. 시 한 편을 읽고 이런 단계를 거치면 시의 의미, 시어, 문장을 깊이 있게 생각하게 됩니다. 특히 시를 자신의 감정과 연결하고 시를 써보는 활동으로 추론 능력을 키울 수 있습니다.

이 5단계를 실제로 활용하면 다음과 같습니다. 예시로 든 시로 자세히 설명하겠습니다.

내 동생

엄마가 사 온 내 빵을 다 먹어버리는 하마.
자기가 나를 때리고는 엄마가 오면 자기가 우는 여우.
하루 종일 나를 따라다니는 껌딱지.
호랑이 같은 아빠도 살살 녹이는 강아지.

나의 원수
우리 집 보물

---

1. 제목을 다르게 지어보며 전체 맥락 파악하기

시의 제목을 다르게 지어보려면 시를 반복해서 읽으며 전체적인 의미를 파악하려는 노력이 필요합니다. 만약 '내 동생의 정체'라고 제목을 지었다면 '여우 같은' '껌딱지' '애교쟁이' 같은 시어에 집중해서 이 시가 동생의 다양한 면을 보여주고 있음을 파악할 수 있어야 합니다. 이렇게 제목을 다시 짓는 것만으로도 시 전체 내용을 이해하고 의미를 추론할 수 있습니다.

2. 시에 사용된 은유, 비유, 상징의 의미를 파악하는 질문하기

"왜 하마라고 했을까?" "왜 여우 같다고 했을까?" "왜 껌딱지라고 했을까?" "왜 강아지라고 했을까?" 이런 질문을 적극적으로 던져 보세요. 그러면 아이는 왜 그렇게 표현했는지 찾으려고 문장을 반복해서 읽으며 그 속에 담긴 은유, 비유, 상징의 의미를 파악할 거예요.

3. 시의 주제 생각해 보기

이 시가 무엇을 이야기하고자 하는지 물어보세요. 처음에는 동생의 특성을 나열했다가 마지막에 '나의 원수/우리 집 보물'이라는 구절로 마무리하지요. 이를 통해 아이는 '내 동생은 얄밉지만 우리 집 보물'이라는 것을 짐작할 수 있을 겁니다.

4. 시에서 느껴지는 감정 말하기

이 시를 읽고 어떤 감정이 느껴지는지 물어보세요. 비슷한 성격의 동생을 둔 아이라면 이 시에 공감하면서 동생을 사랑하는 마음도 느낄 수 있을 거예요. 시를 읽으며 자연스럽게 떠오르는 감정을 말하게 하면 아이는 시를 여러 번 살펴보며 구절마다 담긴 의미를 추론하게 될 것입니다.

5. 같은 제목으로 다른 느낌이나 주제의 시 써보기

'내 동생'이라는 제목으로 다른 느낌의 시를 쓴다면 예를 들어 동생과 '슬픔'을 연결해서 써볼 수 있을 거예요. 다른 주제로 시를 쓴다면 '동생이 그립다'라는 내용의 시를 쓸 수 있을 거고요. 이렇게 제목만 같고 느낌과 주제가 다른 시를 쓰다 보면 원래 시의 전체 맥락을 다시 떠올리며 추론 과정을 반복해서 거치게 됩니다.

추론 능력을 키우기 위해 특별히 읽어야 할 시는 따로 없습니다. 다만 시 읽어주기가 너무 막연하다면 아이 동시집을 추천합니다. 동시는 어른 시에 비해 은유, 비유, 상징이 적고 직관적인 표현이 많습니다. 이런 시를 읽을 때는 각각의 표현보다는 전체 맥락, 즉 시가 전하고자 하는 바에 집중하며 읽어주세요.

추론 능력 향상에 도움이 되는 동시집 추천도서

Z교시 | 신민규 | 문학동네

고양이 사진관 | 송찬호 | 상상

기쁘의 비밀 | 이안 | 사계절

날아라 고등어 | 임미성 | 창비

내가 고생이 많네 | 허연 | 비룡소

라면 맛있게 먹는 법 | 권오삼 | 문학동네

마음의 온도는 몇 도일까요? | 정여민 | 주니어김영사

별을 사랑하는 아이들아 | 윤동주 | 푸른책들

선아의 기분은 록속속 | 박진경 | 비룡소

아주 특별한 손님 | 안학수 | 문학과지성사

엄마야 누나야 | 김소월 | 보리

콧구멍만 바쁘다 | 이정록 | 창비

지금까지 읽기 지능을 높이는 다양한 읽기 기술에 대해 안내했습니다. 단어력 키우기부터 문학·비문학 지문 독해법, 추론 능

력 향상법까지 해야 할 일이 많아 보일 수 있습니다. 그만큼 읽기 지능을 높이는 게 쉽지 않습니다. 쉬웠다면 모든 아이가 잘 읽는 아이로 성장했겠지요. 어떻게 시작할지 막막하겠지만 읽기 지능을 높이기 위해 무엇을 해야 하는지 전체적으로 파악한 것만으로도 큰 성과입니다. 하나씩 차근차근 시도해 보세요. 이런 시도가 아이의 일상 속에 조금씩 녹아든다면 읽기 지능이 높은 사람으로 성장할 수 있습니다.

비문학·문학 읽기 지능 활동

📖 학부모를 위한 읽기 활동 가이드

PART 2의 내용을 아이가 직접 실천할 수 있도록 다양한 읽기 지능 활동지를 실었습니다. 활동지는 학년별로 수준과 특성을 고려해 구성했으며 자기 학년의 활동을 잘 수행하면 상위 학년 활동에 도전해도 좋습니다. 반대로 현재 학년의 활동을 어려워한다면 아래 학년 활동지부터 시도하세요. 다만 어휘·성격·주제 추론 활동지는 1~2학년에게 다소 어려울 수 있어 3~6학년용만 준비했습니다. 정답은 이 활동지가 끝나는 페이지에 모두 수록되어 있습니다.

읽기 지능 활동지

▶ 비문학 글 이해하기(1~2학년)

STEP 1 배경지식 끌어오기

김밥에 대해 알고 있는 것을 적어보세요(맛, 종류, 특징 등).

STEP 2 자기 의미화

다음 글을 읽으며 새로운 정보, 놀라운 정보, 흥미로운 정보, 중요한 정보, 기억해야할 정보, 도움이 되는 정보 등이 나오면 각각 다른 색의 형광펜으로 표시해 보세요.

김밥의 모든 것

김밥은 한국에서 매우 인기 있는 음식입니다. 주재료인 김과 밥에 다양한 재료를 넣어 만들죠. 김은 바다에서 나는 조류이고, 밥은 흰 쌀밥을 사용합니다. 김밥 안에는 오이, 당근, 계란, 햄이나 소고기 등의 재료가 들어갑니다.

김밥을 만들 때는 먼저 밥에 참기름과 소금을 넣어 맛을 내고, 김 위에 얇게 펴 놓습니다. 그 위에 준비한 재료들을 올리고 김을 말아서 완성합니다. 김밥은 간편하게 싸서 소풍이나 점심으로 먹기 좋습니다.

김밥은 집에서도 쉽게 만들 수 있으며, 취향에 따라 다양한 재료를 넣어 맛을 바꿀 수 있습니다. 간단하지만 맛있어서 많은 사람이 즐겨 찾는 음식입니다.

STEP 3 어휘 읽기

글에서 발견한 어려운 어휘의 뜻을 찾아서 써보세요. 모르는 어휘가 있더라도 넘기며 읽어도 좋습니다.

STEP 4 문단 읽기

각 문단의 요약글을 읽고 빈칸에 중심어를 적어보세요.

1문단: 김밥의 ‒‒‒‒‒‒‒‒‒

김밥은 ‒‒‒‒‒‒‒‒‒‒‒‒‒‒‒‒‒‒‒‒‒‒‒‒‒‒ 또는 소고기 같은 다양한 재료로 만듭니다.

2문단: 김밥 만드는 ‒‒‒‒‒‒‒‒‒

김밥은 밥에 참기름과 소금을 넣고, 김 위에 밥과 ‒‒‒‒‒‒‒‒‒ 를 올린 후 김을 말아서 완성합니다.

3문단: 김밥의 ‒‒‒‒‒‒‒‒‒

김밥은 간편하게 만들 수 있고, ‒‒‒‒‒‒‒‒‒‒‒‒‒ 를 넣어 맛을 바꿀 수 있으며, 많은 사람이 즐겨 찾는 음식입니다.

STEP 5 요약글 쓰기
STEP 4의 내용을 이어서 전체 요약글을 적어보세요.

읽기 지능 활동지

▶ 비문학 글 이해하기(3~4학년)

STEP 1 배경지식 끌어오기

짜장면에 대해 알고 있는 것을 적어보세요(유래, 맛, 종류, 특징 등).

STEP 2 자기 의미화

다음 글을 읽으며 새로운 정보, 놀라운 정보, 흥미로운 정보, 중요한 정보, 기억해야 할 정보, 도움이 되는 정보 등이 나오면 각각 다른 색의 형광펜으로 표시해 보세요.

짜장면의 모든 것

짜장면은 한국에서 매우 인기 있는 중국식 면 요리입니다. 이 음식의 주재료는 두 가지입니다. 밀가루로 만든 부드럽고 쫄깃한 면과 된장과 고추장으로 만든 소스입니다. 이 두 재료의 조화로 짜장면만의 독특한 맛이 나지요.

짜장면은 중국 산둥 지방에서 시작되었습니다. 원래는 '자장면'이라고 불렸으나 한국에서 이 요리를 독특하게 변형해서 먹기 시작했습니다. 한국에서는 짜장면에 매운맛과 다양한 재료를 추가해 새로운 맛을 냈습니다.

한국의 짜장면에는 여러 종류가 있습니다. 가장 기본적인 '짜장면'은 고기와 채소를 볶아 만든 소스를 면에 비벼 먹습니다. '삼선짜장면'은 여기에 해산물과 채소를 많이 넣은 것입니다.

짜장면은 간편하게 만들 수 있어 많은 사람이 좋아합니다. 또한 친구나 가족과 함께 나누어 먹기 좋고, 외식 메뉴로도 자주 선택됩니다. 그 맛과 편리함 덕분에 한국의 많은 식탁에서 사랑받고 있지요.

STEP 3 **어휘 읽기**

글에서 발견한 어려운 어휘의 뜻을 찾아서 써보세요. 모르는 어휘가 있더라도 넘기며 읽어도 좋습니다.

STEP 4 **문단 읽기**

각 문단의 요약글을 읽고 빈칸에 중심어를 적어보세요.

1문단: 짜장면의 ....

짜장면은 .... 로 만든 부드럽고 쫄깃한 면, 그리고 된장과 고추장으로 만든 소스로 구성되어 있습니다.

2문단: 짜장면의 .... 와 한국에서의 변형

짜장면은 중국 .... 에서 시작되었으며, 한국에서 달라져 매운 맛과 다양한 재료가 추가되었습니다.

3문단: 짜장면의 ....

한국의 짜장면에는 기본 짜장면과 해산물과 채소가 추가된 .... 등 다양한 종류가 있습니다.

4문단: 짜장면의 인기와 ....

짜장면은 간편하게 만들 수 있어 친구나 가족과 함께 먹기 좋고, ... 로도 자주 선택되는 인기 있는 음식입니다.

STEP 5 요약글 쓰기

STEP 4의 내용을 이어서 전체 요약글을 적어보세요.

STEP 1 배경지식 끌어오기

떡볶이에 대해 알고 있는 것을 적어보세요(유래, 맛, 종류, 특징 등).

STEP 2 자기 의미화

다음 글을 읽으며 새로운 정보, 놀라운 정보, 흥미로운 정보, 중요한 정보, 기억해야 할 정보, 도움이 되는 정보 등이 나오면 각각 다른 색의 형광펜으로 표시해 보세요.

떡볶이의 모든 것

떡볶이는 한국의 전통 음식으로, 주로 떡과 양념이 들어간 매콤한 간식입니다. '떡볶이'라는 이름은 '떡'과 '볶다'의 합성어로, 떡을 볶아서 만든 음식을 뜻합니다. 조선 시대부터 먹어온 음식으로 떡과 양념을 볶아 먹던 방식에서 오늘날의 현대적인 떡볶이로 발전했습니다.

떡볶이의 주재료는 쌀로 만든 떡으로 부드럽고 쫄깃한 식감이 특징입니다. 양념으로는 고추장, 간장, 설탕, 다진 마늘 등이 들어갑니다. 여기에 양파, 대파, 어묵, 계란 등을 추가해서 다양한 맛을 낼 수 있습니다. 떡과 양념이 잘 어우러져서 매콤하고 달콤한 맛이 납니다.

떡볶이에는 다양한 종류가 있습니다. 고추장과 고춧가루로 매콤한 맛을 낸 '매운 떡볶이'가 가장 유명하고, 간장을 사용해서 달콤하고 짭짤한 맛을 낸 '간장 떡볶이', 그리고 치즈를 추가해 부드럽고 고소한 '치즈 떡볶이' 등이 있지요.

한국인들은 매콤하고 달콤한 맛에 다양한 맛을 더할 수 있어 떡볶이를 좋아합니다. 또한 친구나 가족과 함께 나누어 먹기 좋고 간편하게 만들 수 있지요. 오랜 역사와 문화를 지닌 떡볶이는 한국의 전통 음식으로서 많은 사람이 즐겨 찾습니다.

STEP 3 어휘 읽기

글에서 발견한 어려운 어휘의 뜻을 찾아서 써보세요. 모르는 어휘가 있더라도 넘기
며 읽어도 좋습니다.

STEP 4 문단 읽기

각 문단의 요약글을 읽고 빈칸에 중심어를 적어보세요.

1문단: 떡볶이의 .... 과 유래

떡볶이는 쌀떡을 볶아서 만든 한국의 .... 으로, 이름은 '떡'과
'볶다'의 합성어입니다.

2문단: 떡볶이의 ....

떡볶이의 주요 재료는 .... 과 고추장, 간장, 설탕 등 양념으로, 양파와 어
묵 같은 부재료도 사용됩니다.

3문단: 떡볶이의 ....

떡볶이에는 ...., 간장 떡볶이, 치즈 떡볶이 등 다양한 종류가 있습
니다.

4문단: .... 이 떡볶이를 좋아하는 이유

한국인들은 떡볶이의 .... 과 함께 나누어 먹기 좋고, 한국 전통 음식을
즐기기 때문에 좋아합니다.

STEP 5 요약글 쓰기

STEP 4의 내용을 이어서 전체 요약글을 적어보세요.

STEP 1 예측하기

이야기의 제목을 먼저 읽고 어떤 내용일지 예상해서 적어보세요.

STEP 2 자기 의미화

다음 글을 읽으며 새로운 정보, 놀라운 정보, 흥미로운 정보, 중요한 정보, 기억해야 할 정보, 도움이 되는 정보 등이 나오면 각각 다른 색의 형광펜으로 표시해 보세요.

지민이와 새로운 책

지민이는 오늘 학교를 마친 후 엄마와 함께 도서관에 갔어요. 책이 많아서 무엇을 읽을지 고민하다가 지민이는 도서관 한쪽 구석에서 예쁜 그림이 그려진 책을 발견했어요. 제목은 '동물들의 재미있는 하루'였어요. 지민이는 그 책을 집어 들고 앉아서 읽기 시작했어요.

지민이는 책을 읽으면서 동물들이 하루 동안 겪는 다양한 일들을 따라가며 이야기에 빠져들었어요. 처음에는 책 속 동물들이 무슨 일을 하고 있는지 이해하기 어려웠지만 계속 읽으면서 하나씩 이해하게 되었고 점점 더 흥미를 느꼈지요.

책을 다 읽고 나서 지민이는 기분이 좋았어요. 동물들이 어떻게 문제를 해결했는지 보면서 책 읽는 것이 정말 재미있다는 것을 깨달았죠. 지민이는 엄마에게 오늘 읽은 책 이이야기를 하며 다음에 또 어떤 책을 읽을지 기대했어요. 책 읽기의 즐거움을 안고서 지민이는 도서관을 떠났답니다.

STEP 3 이야기 구성
이야기의 구성 요소 세 가지를 찾아 적어보세요.

등장인물: _____ **시간 배경(언제):** _____

공간 배경(어디에서): _____

STEP 4 문단 읽기
각 문단의 요약글을 읽고 빈칸에 중심어를 적어보세요.

이야기의 시작

지민이는 도서관에서 예쁜 그림이 그려진 책 _____ 를
발견하고 신나게 읽기 시작했어요.

이야기의 과정(갈등)

책 속의 동물들이 겪는 다양한 이야기를 처음에는 이해하기 _____ .
지민이는 동물들의 상황이 복잡하게 느껴졌습니다.

해결하기 위한 노력

지민이는 계속해서 책을 읽으며 동물들의 이야기를 하나씩 이해해 나갔고, 점점 더
_____ 를 느끼기 시작했어요.

이야기의 결말

지민이는 책을 다 읽고 나서 책 읽기가 정말 _____ 을 깨닫고
다음에 또 어떤 책을 읽을지 기대했답니다.

STEP 5 이야기의 주제

제목의 의미, 주제를 드러내는 인물의 말과 행동, 이야기의 결말, 글과 연관된 자신의 경험을 차근차근 떠올리며 주제를 생각해 보세요. 그런 다음에 주제와 관련된 핵심 단어를 찾아 문장으로 만들어 보세요.

주제와 관련된 단어: ....

주제를 문장으로: ....

STEP 1 예측하기

이야기의 제목을 먼저 읽고 어떤 내용일지 예상해서 적어보세요.

STEP 2 자기 의미화

다음 글을 읽으며 새로운 정보, 놀라운 정보, 흥미로운 정보, 중요한 정보, 기억해야 할 정보, 도움이 되는 정보 등이 나오면 각각 다른 색의 형광펜으로 표시해 보세요.

미나와 사라진 케이크

미나는 오늘 아침 학교에 가기 전에 엄마가 만든 맛있는 팬케이크를 먹기로 했어요. 엄마는 팬케이크를 따뜻하게 준비해 놓았고, 미나는 기대에 차서 테이블에 앉았어요. 그러나 팬케이크가 놓인 접시가 갑자기 사라져 버렸어요! 미나는 놀라서 엄마에게 물었지만, 엄마도 모르겠다고 하셨어요.

미나는 팬케이크를 찾기 위해 집 안을 샅샅이 뒤지기 시작했어요. 주방, 거실, 심지어 침실까지 찾아보았지만 팬케이크는 보이지 않았어요. 미나는 혼자서는 해결할 수 없을 것 같아 친구인 지우에게 도움을 요청했어요. 지우는 미나와 함께 온 집 안을 뒤졌지만 팬케이크는 여전히 찾을 수 없었어요.

미나와 지우는 다시 한번 꼼꼼히 찾아보기로 했어요. 미나는 냉장고와 찬장을 열어 보면서 엄마가 팬케이크를 거기에 보관했을지도 모른다고 생각했어요. 지우는 미나가 놓쳤을지도 모를 곳들도 살펴보다가 결국 식탁 밑에서 팬케이크가 담긴 접시를 발견했어요. 미나는 팬케이크를 다시 찾아서 무척 기뻤답니다.

엄마도 미나와 지우가 팬케이크를 찾은 것을 보고 흐뭇해하셨고, 지우의 도움에 감사하며 함께 팬케이크를 나누어 먹었어요. 미나는 오늘의 일을 통해 혼자서 해결하기 어려운 문제가 있을 때 친구의 도움이 얼마나 중요한지 깨달았답니다. 하루가 끝나고 미나는 행복한 마음으로 잠자리에 들었어요.

STEP 3 이야기 구성

이야기의 구성 요소 세 가지를 찾아 적어보세요.

등장인물: ....   **시간 배경(언제):** ....

공간 배경(어디에서): ....

STEP 4 문단 읽기

각 문단의 요약글을 읽고 빈칸에 중심어를 적어보세요.

이야기의 시작

미나는 아침에 엄마가 만든 .... 를 기대했지만 갑자기 팬케이크가 사라져서 놀랐어요.

이야기의 과정(갈등)

미나는 팬케이크를 찾기 위해 집 안을 뒤졌지만 찾을 수 없어서 친구 지우에게 .... 을 요청했어요.

해결하기 위한 노력

미나와 지우는 집 안을 다시 점검하다가 .... 에서 팬케이크가 담긴 접시를 발견해 문제를 해결했어요.

이야기의 결말

미나는 팬케이크를 찾아서 기뻐하고, 친구의 .... 에 감사하며 행복한 마음으로 하루를 마무리했어요.

STEP 5 이야기의 주제

제목의 의미, 주제를 드러내는 인물의 말과 행동, 이야기의 결말, 글과 연관된 자신의 경험을 차근차근 떠올리며 주제를 생각해 보세요. 그런 다음에 주제와 관련된 핵심 단어를 찾아 문장으로 만들어 보세요.

주제와 관련된 단어: ....

주제를 문장으로: ....

읽기 지능 활동지

STEP 1 예측하기

이야기의 제목을 먼저 읽고 어떤 내용일지 예상해서 적어보세요.

STEP 2 자기 의미화

다음 글을 읽으며 새로운 정보, 놀라운 정보, 흥미로운 정보, 중요한 정보, 기억해야 할 정보, 도움이 되는 정보 등이 나오면 각각 다른 색의 형광펜으로 표시해 보세요.

마법의 숲과 잃어버린 보물

옛날 옛적, 푸르고 신비로운 마법의 숲에 소년 민수와 그의 친구 소녀 지영, 그리고 용감한 강아지 토리가 살고 있었습니다. 어느 날, 세 친구는 숲속에서 오래된 지도를 발견합니다. 지도에는 숲 깊은 곳에 숨겨진 보물이 표시되어 있었고, 민수와 지영, 토리는 흥미진진한 마음으로 그 보물을 찾기로 결심했습니다.

보물찾기에 나선 세 친구는 지도를 따라 숲속을 탐험하기 시작했습니다. 하지만 미로처럼 얽힌 길과 마법의 덩굴이 있어 길을 찾기가 어려웠죠. 특히 마법의 덩굴이 길을 가로막아 더 이상 나아갈 수 없었습니다. 세 친구는 어떻게든 보물을 찾고 싶었지만 상황이 점점 어려워지자 걱정이 커졌습니다.

민수는 용기와 지혜를 발휘해 지도를 다시 살펴보고 덩굴을 어떻게 제거할지 고민했습니다. 숲 식물에 대해 잘 아는 지영은 덩굴을 풀어낼 수 있는 특별한 약초를 찾아냈습니다. 토리는 주변을 살펴 덩굴에 걸린 지름길을 찾아냈습니다. 이렇게 서로 협력하며 어려운 상황을 해결해 나갔습니다.

마침내 세 친구는 각자 힘을 모아 마법의 덩굴을 제거하고 보물이 있는 곳에 도착했습니다. 그곳에는 금빛 상자와 함께 고대의 문서가 있었고, 문서에는 숲의 평화를 지키는 방법이 적혀 있었습니다. 민수와 지영, 토리는 그 문서를 통해 숲의 평화를 지키기로 약속하며 보물을 숲의 수호자로서 안전하게 보관했습니다.

마법의 숲에는 다시 평화가 찾아왔고 세 친구는 자신들의 용기와 협력으로 숲의 평화를 지켰다는 자부심을 느끼며 행복하게 살았습니다.

STEP 3 이야기 구성

이야기의 구성 요소 세 가지를 찾아 적어보세요.

등장인물: .... **시간 배경(언제):** ....

공간 배경(어디에서): ....

STEP 4 문단 읽기

각 문단의 요약글을 읽고 빈칸에 중심어를 적어보세요.

이야기의 시작

마법의 숲에 사는 민수, 지영, 토리는 오래된 지도에서 .... 이 숨겨져 있음을 발견하고 .... 을 찾기로 결심합니다.

이야기의 과정(갈등)

숲속 탐험 중에 미로와 .... 로 길이 막혀 보물찾기가 어려워지자 세 친구는 걱정이 커졌습니다.

해결하기 위한 노력

민수는 지도를 다시 살펴보고, 지영은 덩굴을 풀어낼 _____ 를 찾으며, 토리는 지름길을 발견해 서로 협력해서 어려움을 극복합니다.

이야기의 결말

세 친구는 덩굴을 제거하고 보물 상자와 _____ 를 발견했고, 숲의 평화를 지키기로 약속하며 보물을 안전하게 보관합니다.

STEP 5 이야기의 주제

제목의 의미, 주제를 드러내는 인물의 말과 행동, 이야기의 결말, 글과 연관된 자신의 경험을 차근차근 떠올리며 주제를 생각해 보세요. 그런 다음에 주제와 관련된 핵심 단어를 찾아 문장으로 만들어 보세요.

주제와 관련된 단어: _____

주제를 문장으로: _____

사랑의 장난감

한 마을에는 인기 있는 토끼 인형이 있었습니다. 어느 날, 지훈이와 유진이가 이 토끼 인형을 놓고 다투기 시작했습니다.

"토끼 인형은 내가 먼저 가질 거야!" 지훈이가 말했습니다.

"그건 공평하지 않아! 나도 갖고 싶단 말이야!" 유진이가 대답했습니다.

둘은 감정이 상해 서로의 말을 무시하며 싸웠습니다. 그 모습을 본 곰 인형이 다가와 작게 말했습니다.

"왜 이렇게 싸우니? 서로를 존중하고 협력하는 게 중요해."

지훈이와 유진이는 곰 인형의 말을 듣고 잠시 생각에 잠겼습니다. 그리고 그 말이 맞다는 것을 깨달았습니다.

"미안해, 유진아. 우리가 함께 사용할 방법을 찾아보자." 지훈이가 말했습니다.

"괜찮아, 지훈아. 시간표를 만들어 나누어 쓰자." 유진이가 대답했습니다.

그 후 지훈이와 유진이는 토끼 인형을 공평하게 나누어 사용하기로 했습니다. 그렇게 두 친구는 서로의 생각을 존중하며 즐겁게 지냈죠.

곰 인형의 지혜로운 조언 덕분에 모든 장난감은 평화를 되찾았고 지훈이와 유진이는 소중한 교훈을 배웠습니다.

1. 공평하다.

밑줄 친 내용을 읽고 어떤 뜻인지 짐작해 보세요.

사전에서 뜻을 찾아 적어보세요.

이 어휘를 넣어 문장을 만들어 보세요.

2. 협력하다

밑줄 친 내용을 읽고 어떤 뜻인지 짐작해 보세요.

사전에서 뜻을 찾아 적어보세요.

이 어휘를 넣어 문장을 만들어 보세요.

3. 존중하다.

밑줄 친 내용을 읽고 어떤 뜻인지 짐작해 보세요.

사전에서 뜻을 찾아 적어보세요.

이 어휘를 넣어 문장을 만들어 보세요.

그날 공원에서

미나와 준호네 마을에는 넓은 공원이 있어요. 어느 날, 미나와 준호가 이곳에서 놀기로 했어요.

"뭐하고 놀까?"

준호가 묻자 미나가 말했어요.

①"어제 자기 전에 생각해 봤는데 꽃도 보고 곤충도 관찰할 거야. 너는 뭐하고 싶어?"

③"몰라, 일단 가보자!"

공원에 도착하자마자 미나는 꽃을 보고 공원의 곤충들을 관찰했어요. 공원을 둘러보던 준호는 버려진 공을 하나 발견하고 공놀이를 하기로 했어요.

미나가 가만히 앉아 꽃을 보고 있던 순간, ④준호가 찬 공이 공이 미나가 보고 있던 꽃밭에 떨어졌어요.

미나가 말했어요.

"준호야, 공을 조심해 줄래? 꽃이 다 망가질 것 같아."

⑤"안 망가졌잖아."

준호는 공을 가져가더니 다시 세게 찼어요. 이번에는 공이 꽃을 망가뜨리고 말았어요.

②"준호야, 안 되겠다. 서로 시간을 나누자. 먼저 꽃하고 곤충을 관찰하고 나서 공놀이를 하면 어때?"

"싫어. 꽃 보는 게 뭐가 재밌어? 지루해. 나는 공놀이 할 거야."

"그래, 그럼 공놀이부터 하자."

"아, 근데 벌써 하기 싫어졌어. 나 그냥 집에 갈래."

준호는 공을 세게 던지더니 그냥 집으로 가버렸어요. 그 모습을 본 미나는 당황했습니다.

1. 미나의 성격 추론하기

밑줄 친 ①의 내용으로 보아 미나는 어떤 성격인가요?

밑줄 친 ②의 내용으로 보아 미나는 어떤 성격인가요?

2. 준호의 성격 추론하기

밑줄 친 ③의 내용으로 보아 준호는 어떤 성격인가요?

밑줄 친 ④, ⑤의 내용으로 보아 준호는 어떤 성격인가요?

사과하는 용기

학교의 미술 시간, 민호와 지윤이 각자 그림을 그리고 있었어요. 민호는 우주를 주제로 한 멋진 그림을 그리고 있었고, 지윤은 화려한 꽃밭을 그리며 조용히 집중하고 있었지요.

그런데 지윤이가 그림에 물감 칠을 하다 실수로 민호의 그림에 물감을 튀겼어요. 순간 민호의 우주 그림이 엉망이 되어버렸죠. 민호가 당황한 표정으로 지윤에게 말했어요.

"지윤아, 너 때문에 내 그림 망친 거 보이니?"

지윤이는 너무 미안했지만 엉뚱한 말이 나왔어요.

"왜 하필 네가 내 옆자리인 거야. 자리만 멀었어도 이런 일이 안 생기잖아."

지윤이의 말에 민호는 더 당황했어요.

"지윤아, 이럴 때는 사과하는 게 맞지 않아?"

"나도 지금 그림이 뜻대로 안 돼서 짜증 난단 말이야!"

지윤이는 울면서 교실을 뛰쳐나갔습니다.

수업이 끝난 후, 이 상황을 지켜보던 선생님이 지윤이를 불러 말했어요.

"지윤아, 아까 당황했지?"

"네, 사실 사과하려고 했는데 말이 이상하게 나왔어요."

"그래, 이해해. 하지만 민호도 많이 속상했을 거야. 내일 민호에게 사과할 수 있어? 잘못한 사람이 사과하는 것이 맞아."

"네, 선생님."

다음 날 지윤이는 민호를 보자마자 사과했고, 민호도 이를 받아주었어요.

1. 이 글의 제목을 써보세요.

2. 선생님의 말씀 중에서 이 글의 주제를 짐작할 수 있는 내용을 써보세요.

3. 이야기가 어떻게 끝났나요?

4. 위의 세 가지 내용을 바탕으로 이 글의 주제를 써보세요.

누워서 떡 먹기

아이 1: 지연아, 너 수학 숙제 다 했어?

아이 2: 응, 나는 다 했어! 뭐 수학이야 나한텐 '누워서 떡 먹기'지. 나 벌써 다음 학년 공부하는걸.

아이 1: 부럽다. 나는 아무리 해도 수학이 참 어려워! 시간 안에 숙제하는 것도 어려워.

아이 2: 수학은 직접 생각하며 풀어봐야 해. 너도 할 수 있어. 힘내!

1. 대화 내용으로 보아 지연이는 수학 숙제를 어떻게 느끼고 있나요?

2. 대화 내용을 볼 때 '누워서 떡 먹기'는 어떤 뜻일까요?

3. 다음 속담의 뜻을 소리 내어 읽어보세요.

누워 있는 상태는 편안하고 수고 없이 쉬는 상태를 나타내요. 떡을 먹는 일은 보통 간단한 일이죠. 즉 누워서 떡 먹기는 아주 쉽고 간단한 일을 뜻해요.

4. 여러분에게 '누워서 떡 먹기'처럼 매우 쉽고 간단한 일은 무엇인가요?

5. 4번에 쓴 내용을 바탕으로 '누워서 떡 먹기'라는 속담을 넣어 문장을 만들어 보세요.

읽기 지능 활동지

발이 넓다
아이 1: 어제도 우리 아빠가 늦게 들어오셨어.
아이 2: 민수야, 너희 아빠는 지난번도 그렇다고 하더니 자주 그러시나 봐.
아이 1: 응, 저녁을 늦게 드시거든! 아는 사람이 많다 보니 거의 매일 약속이 있대.
아이 2: 나는 아는 사람이 별로 없는데 너희 아빠 부럽다!

1. 민수 아빠가 거의 매일 약속이 있는 이유는 무엇인가요?

2. 대화 내용을 볼 때 '발이 넓다'는 어떤 뜻일까요?

3. 다음 관용어의 뜻을 소리 내어 읽어보세요.

'발'과 '넓다'라는 단어가 합쳐져 사용되는 '발이 넓다'는 사귀어서
아는 사람이 많아 활동하는 범위가 넓다는 뜻이에요. '저 사람은
참 발이 넓어'와 같이 쓰이지요.

4. 여러분 주변에 발이 넓은 사람은 누가 있나요? 왜 발이 넓다고 생각했나요?

5. 4번에 쓴 내용을 바탕으로 '발이 넓다'라는 관용어를 넣어 문장을 만들어 보세요.

커서 뭐가 될래?

"커서 뭐가 될 거야?"
어른들은 가끔 질문한다.
나는 커서 뭐가 될까?
나도 잘 모른다.
오늘 풀어야 하는 수학 문제도 모르는데
어떻게 나의 미래를 알지?
"나중에 뭐가 되고 싶으세요?"
어른에게 묻는다.
"나는 이미 다 컸는걸."
"그래도 인생이 아직 남았잖아요."
"나도 잘 모르겠구나. 오늘 해야 할 일도 골치 아파."
어른도 미래를 모르는구나!
어차피 미래를 모르는 우리들
그러니까 그만 물어보면 좋겠다.

1. 이 시의 제목을 바꿔보세요.

2. 선생님의 말씀 중에서 이 시의 주제를 짐작할 수 있는 내용을 써보세요.

3. 이야기가 어떻게 끝났나요?

4. 위의 세 가지 내용을 바탕으로 이 글의 주제를 써보세요.

정답

‣ **1. 비문학 글 이해하기(1~2학년)**

STEP 4 문단 읽기
1문단: 기본 재료 / 김, 밥, 오이, 당근, 계란, 햄
2문단: 방법 / 재료
3문단: 장점 / 다양한 재료

STEP 5 요약글 쓰기
김밥은 김과 밥, 그리고 오이, 당근, 계란, 햄 등 다양한 재료로 만든 한국의 인기 음식입니다. 밥에 참기름과 소금을 넣고 김에 재료를 올려 말아서 만듭니다. 간편하게 만들 수 있고 다양한 맛으로 즐길 수 있어 많은 사람이 즐겨 찾습니다.

‣ **2. 비문학 글 이해하기(3~4학년)**

STEP 4 문단 읽기
1문단: 기본 재료 / 밀가루
2문단: 역사 / 산둥 지방
3문단: 종류 / 삼선짜장면
4문단: 장점 / 외식 메뉴

STEP 5 요약글 쓰기
짜장면은 밀가루로 만든 부드럽고 쫄깃한 면, 그리고 된장과 고추장으로 만든 소스가 어우러진 한국의 인기 중국식 면 요리입니다. 중국 산둥 지방에서 유래된 짜장면은 한국에서 변형되어 매운맛과 다양한 재료가 추가되었으며, 기본 짜장면과 삼선짜장면 등 여러

종류로 즐길 수 있습니다. 간편하게 만들 수 있어 친구나 가족과 함께 먹기 좋고 외식으로
도 자주 선택됩니다.

▸ 3. 비문학 글 이해하기(5~6학년)

STEP 4 문단 읽기
1문단: 뜻 / 전통 음식
2문단: 주요 재료 / 쌀떡
3문단: 종류 / 매운 떡볶이
4문단: 한국인 / 다양한 맛

STEP 5 요약글 쓰기
떡볶이는 쌀떡을 볶아서 만든 한국의 전통 음식으로 '떡'과 '볶다'의 합성어에서 유래했습
니다. 주재료는 쌀떡과 고추장, 간장, 설탕 등이며, 양파와 어묵 같은 부재료도 포함됩니다.
떡볶이에는 매운 떡볶이, 간장 떡볶이, 치즈 떡볶이 등 다양한 종류가 있습니다. 한국인들
은 떡볶이의 다양한 맛과 함께 나누어 먹기 좋고, 한국 전통 음식을 즐기기 때문에 좋아합
니다.

▸ 4. 문학 글 이해하기(1~2학년)

STEP 3 이야기 구성
등장인물: 지민이, 엄마
시간 배경(언제): 하교 후
공간 배경(어디에서): 도서관

STEP 4 문단 읽기
이야기의 시작: 동물들의 재미있는 하루

이야기의 과정(갈등): 어려웠어요.
해결하기 위한 노력: 흥미
이야기의 결말: 재미있다는 것

STEP 5 이야기의 주제
주제와 관련된 단어: 책 읽기의 즐거움
주제를 문장으로: 책을 읽다 보면 책 읽기의 즐거움을 느낄 수 있다.

▸ **5. 문학 글 이해하기(3~4학년)**

STEP 3 이야기 구성
등장인물: 미나, 엄마, 지우
시간 배경(언제): 아침부터 저녁까지
공간 배경(어디에서): 집

STEP 4 문단 읽기
이야기의 시작: 팬케이크
이야기의 과정(갈등): 도움
해결하기 위한 노력: 식탁 밑
이야기의 결말: 도움

STEP 5 이야기의 주제
주제와 관련된 단어: 도움
주제를 문장으로: 어려운 일이 있을 때는 누군가의 도움이 필요하다.

▶ **6. 문학 글 이해하기(5~6학년)**

STEP 3 이야기 구성
등장인물: 민수, 지영, 토리
시간 배경(언제): 옛날 옛적
공간 배경(어디에서): 마법의 숲

STEP 4 문단 읽기
이야기의 시작: 보물 / 보물
이야기의 과정(갈등): 마법의 덩굴
해결하기 위한 노력: 약초
이야기의 결말: 고대의 문서

STEP 5 이야기의 주제
주제와 관련된 단어: 협력, 용기
주제를 문장으로: 협력과 용기는 중요하다.

PART 3

읽기 지능을 높이는

독서 전략

  ?!

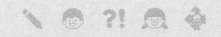

읽기 지능 향상에 중요한
'몰입 독서'

지금까지 읽기 지능 향상을 위한 다양한 방법을 살펴보았습니다. 타고난 언어 지능에 따라 필요한 학습량이 다르다는 점, 읽기 지능의 기본이 되는 단어력 향상법, 문학·비문학 지문 독해 전략, 읽기 지능의 정점인 추론 능력 향상법을 배웠는데요. 이번 PART 3에서는 읽기 지능의 근간이 되는 '독서'를 잘하는 전략에 대해 소개하겠습니다. 많은 시간과 노력이 필요하지만 읽기 지능을 높이는 독서의 핵심을 알면 수월하게 실천할 수 있을 것입니다.

📖 무엇을 읽는지보다 더 중요한 것

저는 2015년부터 블로그를 비롯해 여러 소셜 미디어 계정을 운영하며 학부모와 소통해 왔습니다. 오프라인 강연과 제가 운영하는 독서교실에서도 학부모를 만나 대화를 나누지요. 지금까지 수많은 학부모를 만나오면서 독서와 읽기 교육에서 가장 어려워하는 것이 무엇인지 알게 되었는데요. 바로 '아이에게 무엇을 읽힐까?'였습니다. 그래서인지 여러 경로로 제가 생산하는 콘텐츠 중에서 가장 반응이 좋은 것이 '추천도서'였죠.

추천도서 목록은 잘만 활용하면 매우 유익합니다. 저도 많은 학부모가 '활용'하길 바라며 도서를 추천하죠. 그러나 추천도서 목록에만 의지하는 독서는 위험합니다. 이런 방식으로는 결코 아이를 읽는 사람으로 키울 수 없습니다. 추천도서만 찾는다는 것은 '우리 아이가 어떤 책에 흥미를 보일까?'가 아니라 '어떤 책을 읽어야 좋은 독서일까?'에 집중하고 있다는 뜻이기 때문입니다.

책을 선정할 때 독서하는 사람이 아닌 다른 요인에 집중하는 순간, 독서의 효율성은 떨어질 수밖에 없습니다. 성인도 자신이 읽을 만한 책을 스스로 찾지 않고 외부의 추천도서 목록만 살펴보면 독서가 지속되지 못하고 들쑥날쑥해집니다. 자신의 지적·정서

적 욕구를 근본적으로 자극하고 채워주는 책을 찾아야 독서가 유지되는데 타인의 추천도서에만 의지하다 보면 그 근본적인 욕구를 찾는 데 방해를 받기 때문입니다.

제가 이 이야기를 하는 이유는 이것도 읽기 지능과 관련 있기 때문입니다. 읽기 지능을 높이려면 '무엇'을 읽느냐가 아니라 얼마나 '몰입'해서 읽느냐가 중요합니다. 그러려면 아이가 자신의 지적·정서적 욕구를 채워줄 수 있는 책을 읽어야 하고요. 그런 책은 당연히 아이 자신만이 고를 수 있습니다.

📖 몰입 독서가 중요한 이유

그럼 '몰입'해서 읽는 것이 '무엇'을 읽는 것보다 왜 중요할까요? 사람은 재미든 지식 습득이든 원하는 것이 있어야 글을 읽을 때 이해하려는 노력을 기울입니다. 글자 하나하나, 문장 하나하나, 페이지 한 장 한 장을 읽으면서 어떤 내용인지 최선을 다해 이해하려고 노력하는 경험을 반복할수록 이해력이 높아지고, 이것이 곧 읽기 지능 향상으로 이어지죠. 반대로 말해 읽고 싶지 않은 글은 다 읽었다고 한들 이해하려는 최선의 노력을 기울이지 않았기 때문에 당장 몇 가지 정보를 얻을지 몰라도 읽기 지능을 높이지는 못합니다.

많은 부모가 종종 아이가 자신이 원하는 책을 찾아 잘 읽고 있는데도 그 책 말고 다른 책을 읽으라고 지속적으로 요구합니다. 보통 문학만 읽으면 비문학을 읽으라고 하거나 비문학만 파고들면 문학을 읽으라고 하는 식이죠. 아이가 한 가지 책만 읽으면 많은 부모가 '편독'이라고 표현하면서 당장 고쳐야 할 병처럼 여기곤 합니다.

하지만 편독은 몰입의 절대적인 전제 조건입니다. 특정 종류의 책만 읽는다는 것은 그 책이 아이의 욕구와 맞닿아 있다는 뜻이며, 이것이 곧 몰입 독서 습관으로 이어집니다. 읽어왔던 종류의 책은 아이가 그 문법에 익숙하기 때문에 책을 펼치자마자 몰입할 가능성이 매우 높죠. 그러니 편독을 오히려 더 권해야 합니다.

일부 부모가 '몰입'보다 '무엇을 읽는지'에 집중하는 이유는 독서를 학습 영역으로만 보기 때문입니다. 학습의 하나라고 여기니 여러 과목에 도움이 되려면 다양한 책을 읽어야 한다고 생각해 결국 '골고루' 읽기에 초점을 맞추는 것이죠. 몰입 독서를 충분히 경험하고 나서 골고루 읽기를 시도해야 하는데, 너무 서둘러 시도하다 보니 겉으로는 무언가 읽는 것 같지만 근본적으로 읽기 지능이 성장하지 못합니다.

결국 초등학생 때는 좋아하는 책을 찾아 몰입 독서를 할 수 있는 시간과 장소를 마련해 주는 것이 독서 교육의 전부라고 해도 과언이 아닙니다. 즉 책의 내용을 머릿속에 집어넣는 독서가 아닌, 읽는 힘을 키워주는 쪽으로 가야 합니다. 앞서 소개한 여러 가지 읽기 지능 향상법 또한 몰입 독서 경험이 많을수록 빨리 익힐 수 있습니다.

📖 독서 학원을 보내는 게 능사는 아니다

여기서 한 가지 궁금한 점이 생길 수 있습니다. '다양한 독서를 위해 아이를 독서 학원에 보내면 읽기 지능이 높아지지 않을까요?'라는 궁금증이죠. 단언하자면 학원은 근본적인 읽기 지능을 높여줄 수 있는 시스템을 구축하기가 쉽지 않습니다. 계속 강조하지만 읽기 지능은 자신이 읽고 싶은 책을 골라 어느 정도 시간을 들여 몰입해서 읽을 때만 향상되는데, 학원에서 할 수 있는 일은 아니기 때문입니다. 학원이 그걸 할 생각이 없다는 게 아니라 애초에 학원 특성상 쉽지 않습니다.

그렇다면 커리큘럼으로 필독서를 지정해서 다분야 독서를 돕는 학원의 역할은 무엇일까요? 이러한 학원들은 아이가 가정에서 읽기 지능을 키워가고 있다는 전제 아래, 다양한 책의 내용을 만나게 해주어 지식의 양적 팽창과 함께 생각의 질을 높이도록 돕습니다. 예를 들어 평소 '우주'에 대해 접해보지 않은 아이가 독서 학원에서 우주 관련 책을 읽으며 토론하고 글을 쓰다 보면 우주에 대한 지식과 시야가 넓어지겠죠? 이 과정에서 학원은 글쓰기 능력도 키울 수 있게 도와주고 있습니다.

　다음 그림에서 알 수 있듯 가정에서 아이의 읽기 지능이 잘 향상되고 있다면 독서 학원에서의 성장도 빛을 발합니다. 집에서 밥을 잘 먹는 아이가 운동 학원에서 운동을 잘 배울 수 있다는 것과

집과 독서 학원의 관계

같은 이치입니다.

이렇게 설명하면 많은 학부모가 '집에서 안 되니까 학원을 보내는 것이 아니냐'라고 이야기하곤 합니다. 그 마음을 진심으로 이해합니다. 학원비를 감당하면서 학원을 보내고 있는데 결국 집에서 독서를 지도해야 한다니 얼마나 답답할까요? 한숨이 들리는 것도 같습니다. 하지만 독서교실을 운영하는 저야말로 이 문제를 해결하고 싶은 마음이 간절합니다. '제게 맡겨주세요!'라고 말하고 싶죠.

하지만 제가 사교육자로서 오랜 시간 아이들을 만나며 깨달은 진리는 '모든 교육의 뿌리는 가정이며 뿌리가 튼튼해야 잎도 피고 열매도 맺는다'는 사실이었습니다. 힘들더라도 조금만 힘내주세요. 읽기 지능 향상의 본질은 몰입 독서이고, 그것은 가정에서만 가능하다는 사실을 다시 한번 마음에 새겨주길 바랍니다.

체계적으로 시작하는
독서 능력 향상 전략

앞서 아이들이 가장 편안하게 오랜 시간을 보낼 수 있는 가정에서 몰입 독서를 하는 게 중요하다고 설명했습니다. 여기서는 이에 따라 아이들이 몰입 독서를 하고 있다는 전제로, 구체적인 독서 능력 향상 전략을 안내하겠습니다. 아이가 그저 읽기만 하는 것이 불안하게 느껴진다면 이어서 안내하는 내용을 바탕으로 도움을 주면 됩니다. 분명 읽기 지능이 쑥쑥 성장할 것입니다.

📖 독서 능력과 읽기 지능

먼저 '독서 능력'과 '읽기 지능'의 관계를 다시 한번 설명하겠습니다. 읽기 지능은 독서 능력 안에서 자랍니다. 독서 능력을 키워야 읽기 지능도 키울 수 있지요.

그렇다면 독서 능력이란 무엇일까요? 독서 능력은 책을 다루고, 고르고, 목적에 맞게 읽는 능력을 말합니다. 한마디로 성숙하면서도 능숙한 독자가 되는 것입니다. 앞서 제가 읽기 지능은 텍스트를 다루는 능력이라고 말했는데, 독서 능력은 텍스트뿐 아니라 그것이 담긴 책이라는 매체를 다루는 능력이라고 보면 됩니다.

💡 독서 능력과 읽기 지능의 관계

📕 독서 능력이 있어야 읽기 능력도 성장한다

저는 오랜 기간 독서·읽기 교육 현장에서 일을 하면서 우리나라 초등 독서 교육의 큰 문제점 하나를 발견했습니다. 바로 독서 능력 없이 읽기 지능 높이기에만 열을 올리고 있다는 점입니다. 아이들은 다양한 독서 행위를 경험해 봐야 합니다. 예를 들어 호기심이나 흥미에 따라 책을 직접 고르고, 도서관에서 책을 직접 빌리고 반납하며, 읽다가 멈추거나 다시 읽고 싶을 때 재독하고, 책을 읽을 시간과 장소를 스스로 결정해 보는 것입니다.

그래야 교과서와 교과서 밖의 여러 읽을거리, 각종 문제집이나 시험지의 지문을 읽을 능력도 생깁니다. 그런데 지금 우리나라는 시간 부족이나 다른 이유들로 아이들에게 독서와 이를 둘러싼 다양한 경험을 해볼 기회를 충분히 주지 않습니다. 심지어 아이 스스로 만들어 가는 독서 형태를 체계적이지 않다고 여기며 누군가 짜놓은 커리큘럼 안에 아이를 넣고 나서야 안심하는 경우도 있습니다. 이런 방식은 당장 몇 권의 책을 읽게 할 수는 있지만 읽기 지능 향상의 기본인 독서 능력을 키우는 데는 분명히 한계가 있습니다.

📗 학년별 독서 능력 향상 전략

그렇다면 독서 능력부터 키우기 위해서는 어떻게 해야 할까요? 여기서는 초등 저학년, 중학년, 고학년으로 나누어 독서 능력 향상 전략을 소개하겠습니다. 앞서 소개한 전략과 같이 이 또한 아이의 독서 상황에 따라 참고하면 됩니다.

초등 저학년(1~2학년)

저학년에서 가장 중요한 것은 읽기에 거부감이 들지 않도록 하는 것입니다. 읽기에 거부감이 생기는 순간 책의 세계로 진입하기 어려워집니다. 그러면 텍스트와 친해지지 못하고 결국 텍스트 읽기를 기반으로 하는 모든 공부에서 멀어질 수 있습니다. 읽기에 거부감이 들지 않게 하려면 너무 이른 시기부터 필독서 중심으로 읽으라고 해서는 안 됩니다. 책이 재미있다는 인식을 심어주는 게 전부인 시기이므로 아이가 좋아할 만한 책을 계속 접하게 해서 선택할 기회를 주어야 합니다.

그리고 중학년 이후 독서의 본질인 묵독이 자연스러워지도록 읽기 유창성을 키워주어야 합니다. 읽기 유창성을 키우는 가장 좋은 방법은 책을 유창하게 읽어주는 것입니다. 10세까지의 시기가 이후의 독서 습관을 좌우하니 조금만 힘내주세요. 이 시기에는 책 고르는 걸 어려워하는 아이 대신 부모가 도서관에서 10~20권 정도 미리 빌려와서 아이에게 골라 읽게 하는 것이 좋습니다.

초등 중학년(3~4학년)

중학년은 손에 잡힌 책을 술술 완독하는 경험이 중요합니다. 그래야 읽기가 수월해지고 묵독에 속도를 내면서 독서 능력을 키울 수 있죠. 책에 빠져들 듯 읽는 경험이 쌓여야 스스로를 능숙한 독자라고 인식하고, 그 효능감이 지속적인 독서로 이어집니다. 매번 책을 펼칠 때마다 힘들다고 느끼면 독서를 유지할 수 없겠지요.

완독의 즐거움을 경험하려면 '이야기 자체가 흥미진진한 책'이 가장 좋습니다. 단순히 읽는 것이 아니라 이야기에 푹 빠져들어야 하니까요. 저학년 때 독서 목표를 잘 달성한다면 이후 묵독을 즐기며 완독하는 책을 점차 늘려나갈 겁니다. 일부 아이들은 다독으로 이어지기도 하죠. 이처럼 소중한 시기에 '다른 책 좀 읽자'고 개입해서는 안 됩니다.

중학년 때는 저학년보다 책을 고르는 능력이 조금 생기기 때문에 십진분류법에 따라 정리된 도서관의 서가를 둘러보며 재미있는 책을 골라보게 하면 좋습니다. 그리고 실패하는 경험도 필요합니다. 재미있어 보여서 빌려왔는데 그렇지 않았던 경험을 통해 아이는 책을 더 신중히 고르는 안목이 생깁니다. 자신이 읽을 책을 스스로 고를 줄 아는 능력, 즉 독서가에게는 매우 당연한 이 능력을 꼭 키울 수 있게 도와주세요.

초등 고학년(5~6학년)

이 시기는 깊이 있는 몰입 독서를 통해 수준 높은 독서 능력을 키워갈 때입니다. 중학년 때 빠른 속도로 책을 읽으며 다양한 이야기를 접했다면, 이제는 한 작품에 깊이 빠져들어 천천히 읽는 법을 배워야 해요. 따라서 한 권을 곱씹어 읽을 수 있도록 지도하는 것이 중요한데, 그러려면 '깊이 있게 읽을 만한 책'을 골라야 합니다. 재미 위주의 동화는 흥미 충족이 목적이므로 여러 번 읽을 필요가 없습니다. PART 3 후반에 읽기 지능을 높이는 학년별 이야기책·과학책·역사책 추천도서를 정리했으니 참고해 보세요.

읽기 목적에 따라 읽어보는 경험도 중요합니다. 독서에는 정독, 속독, 발췌독, 재독, 통독, 남독(책의 내용이나 수준을 가리지 아니하고 닥치는 대로 읽기) 등이 있는데요. 사실 저학년 때부터 독서를 하다 보면 이러한 독서법을 자연스럽게 경험하게 됩니다. 재미있는 책을 저절로 정독하고, 이야기가 단순한 책은 속독하듯이 말이지요. 저학년 때는 자신이 다양한 독서법으로 책을 읽는다는 걸 인식하지 못하지만 고학년이 되면 스스로 인식하며 읽을 줄 알아야 합니다. 예를 들어 독후감을 쓰기 위해 읽는 책이라면 정독해야 하고, 정보를 찾기 위해 읽는 거라면 필요한 부분만 골라 읽는 발췌독을 해야 한다는 것을 스스로 알고 적용할 수 있어야 합니다. 다시 말해 아이에게 읽기 목적과 상황에 맞는 독서법을 알려주고 실제로 경험해 보게 해야 해요.

현재 우리나라 독서 교육의 또 다른 문제점은 아이들이 이처럼 다양한 독서법을 자연스럽게 경험하지 못하고 '정독'만 강요받는다는 것입니다. 독서를 공부로만 보고 책 속 텍스트 또한 독해 지문처럼 다루려는 잘못된 인식 때문입니다. 정독은 이 책의 PART 2에서 소개한 문학·비문학 지문과 독해 전략에 해당되고, 일반적인 독서는 각자 목적에 맞는 독서법을 선택하면 됩니다.

마지막으로 목적에 맞는 책을 찾아 활용할 줄 아는 능력이 매우 중요합니다. 예를 들어 학교에서 '안중근 의사에 대해 조사해오라'는 숙제를 받았을 때 알맞은 책을 찾아 읽어서 그 숙제를 수행할 줄 알아야 합니다. 하지만 이를 할 수 있는 아이가 생각보다 많지 않습니다. 저학년 때부터 했어야 할 책 선택 경험이 부족한 게 주된 원인이지요. 고학년 아이들에게 도서관 검색, 온라인 서점 검색 경험을 물으면 경험이 없는 경우도 상당수 있었습니다.

고학년이 되면 중학년 때의 도서관 이용 경험을 바탕으로 도서관 PC나 앱 또는 온라인 서점에서 책 정보를 검색해 봐야 합니다. 이런 경험이 부족하다면 필요한 정보를 '책에서 찾을 수 있다'는 사실조차 모를 수 있어요. 이것이 중학년부터 아이가 바쁘더라도 부모가 대신 도서관에서 책을 구해다 주면 안 되는 이유입니다. 필요한 정보를 책에서 찾아 정리하는 능력을 키워주지 못하면 중고등학생이 되어도 독서가 필요한 숙제가 있을 때 이를 부모가 대신 해주는 상황이 올 수 있습니다.

지금까지 저학년, 중학년, 고학년으로 나누어 읽기 지능 향상 전략을 설명했습니다. 이 과정을 아이가 긴 호흡으로 실천할 수 있게 도와주세요. 독서 능력은 읽기 지능보다 더 큰 개념이지만 이 과정을 촘촘히 겪지 않아도 읽기 지능이 높은 아이가 없진 않습니다. 그러나 그렇지 않은 아이가 대다수이니 이 방법을 실천해 보는 게 좋습니다. 아이의 상황에 맞게 곁에서 도와준다면 우리 집 아이도 능숙한 독자로 성장할 수 있습니다.

네 가지로 살펴보는
독서 유형별 지도법

이제는 이 책의 첫 장에서 이야기한 독서와 읽기 지능 유형에 따라 독서를 어떻게 도와야 할지 알아보겠습니다. 앞서 소개한 '체계적으로 시작하는 독서 능력 향상 전략'이 일반적인 전략이라면, 이번에는 철저히 유형별 특성에 맞추어 구체적으로 다루니 더욱 주목해 주세요. 네 가지 유형 중 우리 아이가 어떤 유형인지 파악하고 돕는다면 분명히 유의미한 성장을 이룰 수 있을 것입니다.

📖 1. 독서를 즐기지만 잘 못 읽는 유형

이 유형의 아이를 두고 있다면 현재 어떤 책을 읽고 있는지 살펴봐 주세요. 앞서 말한 대로 단순한 이야기의 책을 주로 읽는다면 좀 더 복잡한 줄거리와 새로운 내용의 책을 접하게 하면 좋습니다. 보통 독서를 처음 시작할 때는 읽기 효능감이 중요하기 때문에 쉽게 읽히는 책을 가까이하는데요. 3~4학년에도 그런 책만 읽는다면 뇌가 자극되어 읽기 지능이 높아지는 게 아니라 가벼운 물 한 잔처럼 당장의 갈증만 해소하는 독서에 그치고 맙니다.

같은 이야기책이라도 작품마다 이야기의 복잡성과 주제의 깊이가 다릅니다. 전체적인 구성은 비슷해도 작가마다 이야기를 풀어가는 방식과 특징이 조금씩 다르기 때문이죠. 다양한 이야기를 경험하게 하는 가장 좋은 방법은 아이가 평소에 즐겨 읽는 작가가 아닌 다른 작가의 책을 권하는 것입니다.

우리나라 작가로는 강효미, 김경미, 김리리, 김혜정, 류재향, 루리, 문경민, 박현숙, 어윤정, 은소홀, 이분희, 이현, 최은옥, 한윤섭, 홍민정, 황선미 등의 작가가 있습니다. 작가 이름으로 검색해봐도 좋지만 온라인 서점이나 도서관 서가를 둘러보다 보면 자연스럽게 다양한 작가의 책을 발견할 수 있습니다.

그다음으로는 여러 출판사의 책을 접하게 하는 것이 좋습니다. 노란돼지, 다산어린이, 문학과지성사, 문학동네, 미래엔아이세움, 별숲, 비룡소, 사계절, 시공주니어, 아울북, 웅진주니어, 을파소, 주니어김영사, 책읽는곰, 창비 등의 출판사가 있지요. 출판사마다 출간 방향이나 목적, 작품을 보는 기준이 다르기 때문에 다양한 출판사의 책을 읽는다는 것은 그만큼 다양한 세계를 경험하는 것과 같습니다.

읽는 시간을 늘리는 것도 중요합니다. 보통 독서를 즐긴다는 사실에만 만족하기 쉬운데 실제로 독서로 읽기력, 어휘력, 국어력을 높인다고 할 때는 하루 20~30분 정도 스치듯 읽는 것으로는 부족합니다. 적어도 하루에 1~2시간 독서에 몰입할 수 있는 환경을 마련해 주세요.

📓 2. 독서를 즐기지 않지만 잘 읽는 유형

이 유형의 아이에게는 독서에 큰 부담을 줄 필요는 없습니다. 저는 아이들이 독서를 인생의 동반자로 여겼으면 하는 입장이라 독서를 권유하고 싶은 마음이 당연히 있습니다. 제 직업 자체가 책을 권하는 일이기도 하고요. 다만 막연히 독서가 공부와 연결될 것이라는 생각으로 권유를 넘어 강권했다가 책이 싫어진 아이를 많이 봐왔기에 이렇게 조언하는 겁니다.

다만 읽기라는 행위는 계속해야 합니다. 언어 지능이 높아 독서량에 비해 읽기 지능이 뛰어난 것은 감사한 일이지만 최소한의 읽기가 뒷받침되어야 다양한 글을 이해할 수 있고 읽기 지능도 유지되기 때문이죠. 독서를 원하지 않는다면 과학·시사 분야의 어린이 잡지와 어린이 신문, 그리고 가끔 독해 문제집의 다양한 지문을 읽게 해주세요. 잡지로는 개똥이네 놀이터, 과학소년, 신나는 NIE 시사원정대, 어린이 과학동아, 위즈키즈, 초등독서평설 등이 있습니다. 어린이 신문 중에는 어린이동아, 어린이조선일보가 홈페이지에서 PDF로 다운로드가 가능하며, 소년 한국일보는 신청해서 종이 신문으로 받아볼 수 있습니다. 책 이외의 다양한 텍스트를 읽는 방법은 PART 4에서 다루겠습니다.

만약 읽기 지능 때문이 아니라 독서를 삶의 친구로 여기길 바라는 마음에 권하고 싶다면 '최소한'으로만 추천하세요. 예를 들어 한 달에 딱 한 권 읽기나 방학 때 읽기 정도로요. 독서를 즐기지 않지만 기본적으로 글을 잘 읽는 아이는 한 권을 읽어도 열 권 읽은 효과를 낼 수 있습니다.

📖 3. 독서를 즐기지도 않고 잘 못 읽는 유형

독서를 즐기지도 않으면서 잘 못 읽는다면 모든 에너지를 읽기에 쏟아야 합니다. 읽기는 모든 학습의 기본 도구이므로 읽기 지능이 낮다면 학습 효율은 물론 일상생활에서도 어려움을 겪게 됩니다.

우선 학원 수업을 최대한 줄이고 저학년이라면 하루 한 권 읽기, 고학년이라면 2~3일에 문학 작품 한 권 읽기를 목표로 매일 시간을 정해 읽게 해야 합니다. 아이가 읽을 수 있는 책을 5~10권 정도 준비해 그중 골라 읽게 하거나, 만약 아이가 고르지 못한다면 쉽게 읽을 수 있는 책부터 읽게 해주세요.

가끔 일부 학부모가 시간을 정해 읽게 하는 것을 '강제'라고 표현하기도 하는데, 이건 강제가 아니라 아이가 인간답게 살 수 있도록 기본적인 도움을 주는 것입니다. 밥을 먹지 않는 아이를 방치하지 않듯 독서도 마찬가지죠. 하지만 강압적인 분위기는 피해야 합니다. 그러려면 아이만 시키지 말고 부모도 곁에서 같이 책을 읽으면 됩니다. 읽기는 즐거운 행위지만 본질적으로는 노동입니다. 이 읽기 노동을 같이하는 사람이 있다면 아이도 자리를 지키며 책을 끝까지 읽어낼 겁니다.

책뿐 아니라 '읽기'가 가능한 텍스트들도 접하게 해야 합니다.

어휘 문제집과 독해 문제집도 잘 만들어진 것을 골라 활용하면 좋습니다. 여기서 이야기하는 '잘 만들어진' 것은 지문이 지나치게 어렵거나 구성이 팍팍하지 않은 책을 뜻합니다. 글을 잘 못 읽는 아이는 텍스트 자체에 부담을 느낄 가능성이 매우 높습니다. 그런 아이에게 딱 봐도 힘들 것 같은 교재는 자제해야 합니다. 아이와 함께 여러 책을 살펴보고 그중 편안하게 읽을 수 있는 것을 골라주세요.

이때 주의할 점이 있습니다. 읽기 지능 향상이 목적이므로 모든 활동을 구술로 진행해야 합니다. 독해 문제집이라면 어른이 아이 곁에서 지문부터 문제까지 소리 내어 읽게 하거나 대신 읽어준 후 눈으로만 보면서 답하도록 지도해야 해요. 아이에게 혼자 하라고 하면 하기 싫다면서 시간이 늘어질 수 있기 때문입니다. 특히 쓰기가 포함된 활동이면 에너지를 쓰기에도 분산해야 하므로 아이 혼자 진행하다간 이도 저도 안 될 수 있습니다. 또한 읽기 지능은 읽기만으로는 향상되지 않고 듣기, 말하기, 쓰기가 총체적으로 이루어져야 합니다. 구술로 진행하면 자연스럽게 듣기와 말하기도 함께할 수 있지요.

저는 현장에서 이 유형에 해당하는 아이들을 매년 보고 있습니다. 사실 이런 유형은 학습뿐 아니라 일상 대화에서도 이해력이 떨어지는 편이라 이 같은 내용을 학부모에게 자세히 설명하고 독서를 함께하기를 권하는데요. 대부분은 잠깐 실천하다가 결국 독서 논술 학원이나 국어 학습지에만 의존합니다. 영어와 수학을 포기하지 못하고 자투리 시간에만 책을 읽으라고 하는 경우도 많았죠. 하지만 언어 능력은 일상에서 키워져야 합니다. 대학 입시를 넘어서 아이의 인생을 위해 아이가 이 유형에 속한다면 초등 때 읽기 지능 향상에 최선을 다해주길 간곡히 조언합니다.

📖 4. 독서를 즐기며 잘 읽는 유형

독서를 즐기며 읽기 지능까지 높다면 더할 나위 없이 좋은데요. 이런 경우일수록 더욱 전략적으로 접근하면 좋습니다.

우선 문학을 깊이 즐기는 아이라면 비문학은 신문이나 비문학 독해 문제집의 지문으로 다양한 텍스트를 접하게 해주면 좋습니다. 문학 독서에 몰입하고 있는 아이는 비문학 독서에 거부감이 큰 경우가 많아 책보다는 다른 읽기 자료를 권하는 것이죠. 또한 다양한 매체의 텍스트를 접하는 것은 읽기 지능 향상뿐 아니라 사고의 확장을 돕기 때문에 꼭 필요합니다.

비문학을 깊이 파고드는 아이들은 보통 한 분야의 비문학을 읽습니다. 예를 들어 역사를 좋아하는 아이는 다양한 역사책을, 과학을 좋아하는 아이는 다양한 과학책을 찾아 읽습니다. 이런 독서가 이어지면 한 분야에 대한 전문적 지식을 스스로 쌓게 되므로 크게 걱정할 것은 없습니다. 누군가의 가르침이 아니라 독서로 지식을 쌓는 과정에서 '배움의 방식'과 '배움의 기술'을 스스로 익히므로 학습 능력도 자연스레 향상됩니다.

이런 아이는 학교 과제로 읽어야 하는 책도 잘 소화합니다. 책을 다루는 능력이 있기 때문이죠. 그리고 독서 학원에서도 많은 것을 얻습니다. 실제로 제가 현장에서 만나는 아이들 중에서 이런 유형의 아이는 수업 필독서가 자신의 관심사가 아니어도 거부감 없이 잘 읽고 이해합니다.

읽기를 잘하니 다음 단계인 토론과 글쓰기로 나아가도 좋습니다. 토론의 기본은 논리력과 배경지식입니다. 독서를 즐기고 잘 읽기까지 하는 아이는 이 두 가지를 어느 정도 갖추고 있어서 토론에서 빛을 발하며, 그로 인해 논리력을 더욱 다져갈 수 있습니다. 글쓰기 또한 읽기 능력을 바탕으로 향상될 가능성이 높으니 한번 시도해 보세요. 쓰기는 읽기를 더 잘하게 돕는 촉진제이며, 쓰기 활동을 하다 보면 이미 뛰어난 독서의 질도 더 좋아질 수 있습니다.

　마지막으로 이런 아이는 학년보다 약간 높은 수준의 독해 문제집을 풀면서 읽기 기술을 발전시켜도 좋습니다. 앞서 독서를 즐기지도 않고 잘 못 읽는 유형의 아이에게는 편안하게 접근할 수 있는 책을 권했는데요. 이 유형의 아이는 이보다는 좀 더 촘촘히 짜인 문제집도 괜찮습니다. 그런 문제집을 풀어야 독해 기술을 더 다질 수 있을 테니까요.

읽기 지능을 위해
반드시 읽어야 하는 글

앞서 네 가지 독서 유형별 지도법을 살펴보았는데요. 이번에는 공통적으로 읽기 지능을 높일 수 있는 글, 정확히 말하면 '반드시 읽어야 하는 글'에 대해 이야기해 보겠습니다. 독서 유형과 상관없이 모든 아이의 읽기 지능을 높여주는 글은 무엇일까요? 바로 '문학'입니다. 우리가 흔히 말하는 이야기책 말이지요. 이번에는 그에 대해 자세히 설명해 보겠습니다.

📖 낯설지만 익숙한 글을 읽어야 하는 이유

이야기책은 왜 낯설지만 익숙한 글일까요? 우선 모든 글에는 장르 문법이 있습니다. 여기서는 이를 간단히 '구성'이라고 할게요. 이야기책은 '발단-전개-위기-절정-결말'로 구성되어 있고 대체로 이 순서로 흘러갑니다. 이야기책을 어느 정도 읽은 아이라면 이 구성에 익숙할 겁니다. 이것이 바로 '익숙함'입니다. 그런데 모든 이야기책이 같은 이야기를 하지는 않습니다. 각각 새로운 인물과 사건이 등장하죠. 이것이 이야기책을 읽는 재미이자 '낯섦'입니다. 정리하자면 낯설지만 익숙한 글이란 구성은 익숙하나 줄거리는 낯선 문학 작품을 말합니다.

그렇다면 이런 낯설지만 익숙한 글을 읽을 때 왜 읽기 지능이 높아질까요? 읽기 지능이 높아지려면 스스로 '이해하고자 하는 노력'이 필요한데, 이러한 글을 읽을 때 그런 노력을 기울이게 됩니다. 이야기의 흐름을 이해하려면 의미를 파악해 가는 노력 없이는 힘드니까요. 당연히 쉽지 않은 일이지만 이야기의 익숙한 구성이 이를 가능하게 도와줍니다.

어느 이야기를 한 편 읽는다고 생각해 보죠. 글을 읽는 사람은 어떤 내용일지 설렘을 안고 처음 책을 펼칩니다. 이 설렘이 읽기에 필요한 뇌의 피로감을 어느 정도 덜어줍니다. 다음으로 이야기 초반에 등장하는 배경의 의미를 완전히 알지 못하는 상태로 읽기 시작하다가 곧 등장인물들을 만납니다. 초반에는 등장인물들의 관계와 갈등을 모르는 채로 이해하기 위해 읽어나가죠.

그러다 사건이 등장하고 갈등 관계가 조금씩 명확해지는데, 비로소 앞에서 나온 인물 묘사나 대사의 의미를 조금씩 이해할 수 있습니다. 때로는 이해했다고 생각한 앞의 내용이 현재 읽고 있는 부분으로 인해 새롭게 해석되기도 합니다. 이야기 전체가 재구성 되기도 하고요. 이렇게 이해하며 인물들이 갈등을 풀어나가는 과정을 읽다 보면 결말에 이르는데요. 이때 인물들에 대한 감정이나 생각이 달라지거나 또렷해지기도 합니다. 작품에 대한 감상 또한 읽는 과정 내내 조금씩 변화하다가 마지막까지 읽고 나면 비로소 선명해집니다.

📖 이야기책 읽기의 중요성

이야기책을 읽는 과정의 복잡함이 좀 이해되었나요? 2021년 제 21회 문학동네 어린이 문학상 대상작인 『긴긴밤』을 예로 들어 다시 한번 간단히 설명하겠습니다. 이 책은 첫 부분에서 '나'라는 1인칭 화자의 독백 같은 내용이 나오는데요. 자신은 이름이 없으며 아버지들이 이름보다 중요한 것을 알려주었다고 합니다. 이것이 아버지들과 '작은 알'에 목숨 건 인물들의 이야기라는 내용도요.

이 내용만 본다면 '나'와 '아버지들'은 누구인지, '작은 알'에 왜 목숨을 걸었는지, 그리고 그 아버지들이 말한 '이름보다 중요한 것'이 무엇인지는 알 수 없습니다. 하지만 이야기를 읽어나가다 보면 퍼즐을 맞추듯 하나하나 답을 찾게 됩니다. 마치 추리 소설에서 탐정이 추리로 범인을 찾아내는 것처럼요.

다시 말해 이야기책을 읽는 과정은 '끊임없이 이해하고자 하는 노력'의 연속입니다. 이를 반복하면서 이해력을 키울 수 있고, 이것이 곧 읽기 지능이 되지요. 물론 이 과정은 결코 녹록하지 않습니다. 이야기책 한 권을 읽어내는 데 저학년 도서는 짧으면 30분, 고학년 도서는 길면 4~5시간이 걸리기도 합니다. 두 권 이상으로 출간된 시리즈 도서라면 더 많은 시간이 필요하죠. 이 시간 동안 읽기 뇌를 적극적으로 활용해 이해하려 노력해야 하니 상당히 피로한 지적 노동이라 할 수 있습니다. 이걸 견딜 수 있게 해주는 것이 앞서 말한 '이 책이 재미있을 거라는 기대와 설렘'과 '이야기 구조에 대한 익숙함'입니다. 이것이 바로 우리가 단순히 '낮선 글'이 아닌 '익숙하지만 낯선 글'을 읽어야 하는 이유이고요.

설명이 좀 복잡하게 들리나요? 간단히 정리하자면 새로운 동화책을 찾아 꾸준히 읽어야 한다는 뜻입니다. 보통 이야기책을 즐겨 읽는 아이는 이 과정을 자연스럽게 하고 있습니다. 이야기가 얼마나 재미있는지 직접 경험했기에 누가 시키지 않아도 새로운 이야기를 찾아 나서죠. 그 과정에서 자연스럽게 몰입을 경험하기도 하고요. 즐기는 사람을 이길 수 있는 사람은 없는 법입니다.

이어서 읽기 지능을 높이는 독서 방법을 이야기책, 과학책, 역사책으로 구분해 설명하고 학년별로 추천도서를 정리했습니다. 이를 참고해 아이에게 가볍게 권해보세요. 아이가 자연스럽게 몰입할 수 있는 책만 골라 읽게 하면 됩니다.

읽기 지능을 높이는
이야기책 읽는 법

책은 분야마다 읽기법이 다릅니다. 집필 목적이나 책의 구성이 다르기 때문이죠. 보통은 해당 분야의 독서를 자연스럽게 하면서 배우는데, 사실 아이가 모든 분야의 책을 읽기는 불가능합니다. 앞에서 편독이 진정한 몰입을 가능하게 하는 독서라고 말한 것처럼요. 다른 분야의 독서를 경험할 수는 있지만 그 분야에 익숙해질 정도로 많이 읽는 것은 더욱 어렵습니다.

그래도 분야마다 적절한 읽기법을 적용하면 적게 읽더라도 최대의 효과를 얻을 수 있습니다. 따라서 앞서 말했듯이 읽기 지능을 높이는 독서 방법을 세 분야로 나누어 소개하겠습니다.

우선 어린이책의 분야를 살펴보면 크게 문학과 비문학이 있습니다. 문학에는 시와 이야기책이 있고, 비문학에는 크게 과학과 역사 분야가 있죠. 시는 PART 2의 추론 능력 부분에서 다루었기에 이번에는 이야기책 읽는 법을 자세히 알아보겠습니다.

📖 인물 간의 갈등 파악하며 읽기

이야기책은 인물 간의 갈등으로 메시지를 전달하는 것이 목적입니다. 따라서 아이의 읽기 지능을 향상시키려면 이야기의 핵심 갈등을 찾는 게 가장 중요한데, 초등학생은 '갈등'이라는 단어가 생소할 테니 이것부터 설명해 줘야 합니다. 갈등(葛 칡 갈, 藤 등나무 등)은 칡과 등나무가 서로 얽히듯이 사람들 사이에 의견이나 마음, 생각이 달라 서로 불편한 상황을 뜻합니다. 저는 아이들에게 '한 가지 음식만 주문할 수 있는데 가족들이 먹고 싶은 것이 모두 달라서 싸우게 되는 것이 바로 갈등'이라고 쉽게 설명하곤 합니다.

이야기책을 읽고 갈등을 찾아보자고 하면 아이들은 세세한 것을 모두 말하는 경향이 있습니다. 그래서 가장 중심이 되는 핵심 갈등을 찾도록 유도해 줘야 합니다. '이 이야기에서 누구하고 누구가 가장 사이가 안 좋아?' '누가 서로 마음이 안 맞아?'처럼 질문하면 좋습니다. 그래도 어려워하면 이야기의 축이 되는 핵심 사건의 원인을 찾아보자고 하세요.

예를 들어 해님달님 이야기를 읽었다면 '호랑이가 엄마를 잡아먹었다'부터 이야기하기 때문에 다른 갈등도 찾아보게 하는 거죠. '그리고 오누이도 잡아먹으려고 했다'까지 이야기하면 하나로 정리됩니다. '호랑이가 엄마를 잡아먹고 오누이까지 잡아먹으려고 했다'처럼 말이지요. 이렇게 반복하면 나중에는 가장 핵심이 되는 갈등을 잘 찾습니다.

📖 인물의 욕구 파악하며 읽기

또한 갈등의 중심이 되는 인물을 잘 살펴보며 읽어야 합니다. 인물은 사건과 갈등의 주축이 되는데요. 인물들 사이에 갈등이 일어나는 이유는 각자 가진 욕구가 다르기 때문입니다. 예컨대 흥부전에서 흥부의 욕구는 자식을 잘 양육하는 것과 형제간의 우애입니다. 반면 놀부의 욕구는 형제간의 우애보다는 부의 축적에 있지요. 이처럼 욕구가 서로 다르다 보니 갈등이 일어날 수밖에 없고, 그 갈등이 사건으로 이어집니다. 이렇게 인물의 욕구를 파악하며 읽으면 이야기를 더 깊이 이해할 수 있습니다.

다음으로는 각 인물이 이야기 속에서 어떤 역할을 했는지 살펴봐야 합니다. 인물들의 역할은 사건 전개에 큰 영향을 줍니다. 가난한 흥부가 먹을 것을 구하러 놀부네 집에 갔다가 주걱으로 뺨을 맞고 돌아오면서 형제 사이가 더 나빠집니다. 그러다 흥부가 제비 다리를 고쳐준 선행으로 갑자기 부자가 되자 새로운 전환점을 맞이하죠. 반면에 놀부는 부모의 유산을 흥부와 나누지 않아 갈등이 깊어졌으며, 이후 제비 다리를 일부러 부러뜨린 탓에 가세가 기울어집니다. 이 또한 인물의 역할, 즉 한 일 때문이죠.

📖 인물의 성격 파악하며 읽기

이야기가 전개되는 과정에서 인물들의 성격과 그들이 어떤 행동을 하게 된 동기를 파악하며 읽는 것도 중요합니다. 놀부가 흥부에게 부모의 유산을 나누어 주지 않고 내쫓은 것은 그의 탐욕스러운 '성격' 때문이며, 그 '동기'는 부모에게 물려받은 재산을 독차지하고 싶었기 때문입니다. 인물의 심리 변화도 중요한데요. 갈등과 사건을 겪다 보면 인물들의 심리가 변하고 이것이 사건 전개에 영향을 줍니다. 예를 들어 흥부는 놀부의 가세가 기운 후 형을 돕고 싶은 마음이 생겨 그를 받아들였고, 놀부는 가세가 기운 후 흥부를 대하는 태도가 달라졌습니다. 여기서는 이해를 돕고자 널리 알려진 고전을 예로 들었지만 더 복잡한 이야기일수록 인물의 심리 변화는 이야기 전반에 걸쳐 다양하게 나타납니다.

📗 갈등의 해결 과정 살펴보기

다음으로는 이야기의 결말, 즉 갈등이 어떻게 해결되었는지 살펴봐야 합니다. 이야기의 결말은 작가가 전하고자 하는 주제와 밀접하게 연관되어 있기 때문이죠. 만약 흥부전에서 흥부가 부자가 되었다는 이유로 방탕해졌다면 일확천금의 부당함을 다룬 이야기가 되었을 겁니다. 다시 말해 선함의 대명사인 흥부가 제비 다리를 고쳐주고 얻은 재산을 탕진해 다시 가난해진 것으로 이야기가 끝났다면 그의 선함보다는 무능함이 부각되었겠죠. 이렇게 결말에 따라 앞선 사건이나 인물이 새롭게 보이기도 하므로 결말을 명확하게 파악할 줄 알아야 합니다.

이와 같이 여러 요소를 고려해 읽은 후에는 이야기의 주제를 정리하고 비판적으로 생각해 봐야 합니다. 읽기 지능의 최종 목표는 추론과 비판이며, 내용을 단순히 이해하는 데 그치지 않고 주제를 파악하고 자신의 의견을 말할 줄 알아야 제대로 된 독서라고 할 수 있어요. 이야기의 주제를 추론하는 방법은 PART 2의 '문학 글, 어떻게 읽을까?'(90쪽)를 참고하기 바랍니다. 보통 이야기를 사실적으로 이해할 수 있어야 추론도 가능합니다. 지금까지 설명한 것이 그 '사실적 이해'를 돕는 방법이죠. 이제 마지막으로 주제를 추론하고 비판해 보는 단계로 나아가면 됩니다.

정리하자면 읽기 지능 향상을 위해 이야기글 읽기를 할 때는 다음과 같은 질문을 아이에게 해주세요. 이를 통해 훨씬 깊이 있게 이해하고 사고하는 독서를 할 수 있습니다.

- 나오는 인물 중에 중요한 사람은 누구인가요?
- 그 사람들이 겪고 있는 갈등은 무엇인가요?
- 그 갈등으로 인해서 어떤 사건들이 생겼나요?

- 각 인물이 가지고 있는 욕구는 무엇인가요?

- 인물은 이야기 안에서 어떤 역할을 했나요? (무엇을 했나요?)

- 이야기의 사건, 갈등과 관련된 인물의 성격은 무엇인가요?

- 인물이 그런 역할을 한 동기는 무엇인가요?

- 인물은 어떤 심리 변화를 보이고 있나요?

- 이야기의 끝으로 가며 인물은 처음과 어떻게 달라졌나요?

- 이야기의 주제는 무엇인가요?

- 주제에 대해 어떻게 생각하나요?

지금까지 읽기 지능을 높이기 위해 이야기책을 어떻게 전략적으로 읽어야 하고, 또 아이에게 어떤 질문을 해야 하는지 설명했습니다. 여기 나온 질문들을 적용해 정리할 수 있는 '이야기책 읽기 지능 북페이퍼'를 뒤편에 실었으니 꼭 활용해 보세요.

이야기책을 꾸준히 몰입 독서해 온 아이들은 고학년이 되면 자연스럽게 핵심 갈등 파악부터 인물의 다양한 특징 파악, 주제 추론과 비평까지 어느 정도 가능해집니다. 그리고 여기서 소개한 전략으로 더 높은 난이도의 책에 도전할 수 있지요. 반면에 다른 분야의 책을 몰입 독서하는 아이라면 외부의 힘으로 이야기책을 많이 읽으라고 권하기보다는 한 권이라도 더 잘 읽을 수 있게 여기서 소개한 전략을 적용해야 합니다. 이야기책 추천도서는 다음과 같습니다.

읽기 지능을 높이는 이야기책 추천도서

• 저학년(1~2학년)

곰이와 오푼돌이 아저씨 | 권정생 | 보리

선새앵님, 안녕하세요오? | 안유선 | 비룡소

아기 토끼와 채송화 꽃 | 권정생 | 창비

작은 집 이야기 | 버지니아 리 버튼 | 시공주니어

컵 고양이 후루룩 | 보린 | 낮은산

한밤중 달빛 식당 | 이분희 | 비룡소

행복한 왕자 | 오스카 와일드 | 어린이작가정신

• 중학년(3~4학년)

꽝 없는 뽑기 기계 | 곽유진 | 비룡소

마지막 드래곤 에린(『너와 함께한 시간』 개정판) | 남세오 | 이지북

별난 양반 이선달 표류기 1~3권 | 김기정 | 웅진주니어

사람은 무엇으로 사는가 | 레프 톨스토이 | 두레아이들

웃음의 총과 이현주 동화 나라 | 이현주 | 웅진주니어

일수의 탄생 | 유은실 | 비룡소

최기봉을 찾아라! | 김선정 | 푸른책들

화요일의 두꺼비 | 러셀 에릭슨 | 사계절

• **고학년(5~6학년)**

긴긴밤 | 루리 | 문학동네

달빛 마신 소녀 | 켈리 반힐 | 양철북

레 미제라블 | 빅토르 위고 | 비룡소

모모 | 미하엘 엔데 | 비룡소

몬스터 차일드 | 이재문 | 사계절

미지의 파랑 1~3권 | 차율이 | 비룡소(고릴라박스)

생각을 모으는 사람 | 모니카 페트 | 풀빛

어둠을 걷는 아이들 | 크리스티나 순톤밧 | 책읽는곰

와일드 로봇 | 피터 브라운 | 거북이북스

우리들의 일그러진 영웅 | 이문열 | 다림

초등 고학년을 위한 행복한 청소부 | 모니카 페트 | 풀빛

초등학생을 위한 나의 라임 오렌지나무 | J. M. 바스콘셀로스 | 동녘주니어

클로디아의 비밀 | E. L. 코닉스버그 | 비룡소

읽기 지능을 높이는
과학책 읽는 법

과학책도 이야기책과 마찬가지로 본래부터 즐기는 아이들이 있습니다. 다만 매우 소수이며, 다른 모든 책과 마찬가지로 이는 자연스러운 현상입니다. 세상 모든 것에 관심을 보이는 아이는 매우 드물며, 관심이 있더라도 스스로 책에서 궁금증을 해결하는 아이는 더 적습니다. 따라서 과학책 또한 효과적인 읽기 전략을 통해 최소한의 독서로 최대의 효과를 얻을 수 있게 부모가 곁에서 도와주어야 합니다.

📖 목차로 무슨 책인지 파악하기

과학책은 특정 개념이나 사실을 전달하는 것이 주요 목적입니다. 그래서 '무엇을' 설명하는 책인지 아는 것이 가장 중요하죠. 아이들은 도서명만 보고 '동물이요' '지진이요'라고 말할 때가 많습니다. 조금 더 구체적으로 말할 수 있게 목차를 살펴보라고 해주세요. 목차는 책의 전체 지도와 같아서 '무엇'을 설명하는지 자세히 알 수 있고, 동시에 책의 전체 구조도 파악할 수 있게 해줍니다.

1. 동물의 다양한 세계

① 동물의 종류와 서식지

② 동물의 몸 구조

③ 동물의 식습관

④ 동물의 생활 모습

2. 동물의 특별한 능력

① 동물의 이동 방법

② 동물의 감각 기관

③ 동물의 의사소통

④ 동물의 생존 전략

만약 위와 같은 목차라면 '동물의 세계와 특별한 능력'을 다루고 있다고 단번에 알 수 있겠지요.

1. 환경 문제의 원인
① 쓰레기
② 화석연료 사용
③ 자연 개발

2. 환경 문제의 결과
① 동물의 서식지 파괴
② 이상 기후
③ 생태계 파괴

3. 환경 문제의 해결 방안
① 분류 배출과 쓰레기 줄이기
② 에너지 절약과 청정에너지 사용
③ 나무 심기와 환경 보호 활동

이 같은 목차라면 책이 '원인-결과-해결 방안'이라는 구조로 구성되어 있음을 알 수 있습니다.

📖 용어, 개념, 사실을 이해하며 읽기

다음으로는 용어, 개념, 사실을 이해하며 읽어야 합니다. 과학책을 비롯한 지식 도서들은 개념을 잘 이해하는 것이 핵심입니다. 개념을 이해하려고 글을 집중해서 읽거나 같은 부분을 반복해 읽는 과정에서 이해력이 높아지기 때문이죠. 다만 과학책은 이야기책과 달리 학술 용어나 전문 용어가 많이 등장하기 때문에 읽고 이해하기가 쉽지 않습니다. 어린이 과학책은 아이가 읽을 수 있게 비교적 쉽게 풀어내려 하지만 용어는 대부분 그대로 실을 수밖에 없지요.

따라서 과학책을 읽은 후에는 용어, 개념, 사실을 정리하는 것이 매우 중요합니다. 예를 들어 '빛'이라는 용어의 개념과 사실은 다음과 같습니다.

- **용어**: 빛
- **개념**: 우리가 볼 수 있는 에너지의 형태로, 눈에 보이는 전자기파다.

- **사실:** 빛은 진공에서 시속 약 10억 8,000만 킬로미터로 이동하며 빨강, 파랑, 초록 등 다양한 색깔로 나뉜다.

빛과 관련된 사실을 두 가지만 적어보았는데요. 실제 과학책에는 훨씬 많은 내용이 담겨 있습니다. 즉 '빛'이라는 용어를 알고 그 개념과 관련된 사실을 이해하며 읽는 것이 과학책 읽기의 핵심입니다.

또한 '사실'이 어떤 방식으로 서술되었는지 아는 것이 중요합니다. 사실을 설명하는 방식에는 정의, 비유, 비교, 대조, 절차, 분류, 원인과 결과, 문제와 해결 등이 있습니다. 아이는 이런 단어로 알려주면 어려워하기 때문에 문장 구조로 설명하는 것이 좋습니다. 각 설명 방식은 다음과 같은 형태로 이루어집니다.

1. **정의:** ~란 ~이다.
2. **비유:** ~은 마치 ~처럼 ~한다.
3. **비교:** ~과 ~은 ~이 비슷하다.
4. **대조:** ~과 ~은 ~이 다르다.
5. **절차:** ~의 순서는 ~이다.
6. **분류:** ~은 ~과 ~으로 나뉜다.

7. **원인과 결과**: ~으로 인해 ~되었다.

8. **문제와 해결**: ~문제가 있다. 해결하기 위해서는 ~해야 한다.

책에 나온 사실을 정리하다 보면 자연스럽게 이런 문장이 나오긴 하지만 아이에게 이를 인식하고 글을 쓰게 하면 글쓰기 실력이 향상됩니다. 책 한 권을 읽었다면 이 여덟 가지 중 해당하는 것만 찾아 쓰거나 말하게 해보세요. 다음 예시 문장을 보면 훨씬 쉽게 이해할 수 있을 겁니다.

1. **정의**: ~란 ~이다.

   예시 ▸ 빛이란 물체를 볼 수 있게 해주는 에너지다.

2. **비유**: ~은 마치 ~처럼 ~한다.

   예시 ▸ 지구의 대기는 마치 이불처럼 지구를 덮어주어 따뜻하게 한다.

3. **비교**: ~과 ~은 ~이 비슷하다.

   예시 ▸ 고양이와 개는 둘 다 털이 나 있고 사람들과 친밀한 관계를 형성할 수 있다는 점이 비슷하다.

4. **대조**: ~과 ~은 ~이 다르다.

   예시 ▸ 고양이와 개는 성격이 다르다. 고양이는 독립적인 반면, 개는 더 사교적이다.

5. **절차**: ~의 순서는 ~이다.

　　예시 ▸ 쿠키를 만드는 순서는 재료를 준비하고, 반죽을 만들고, 오븐
　　　　에 굽는 것이다.

6. **분류**: ~은 ~과 ~으로 나뉜다.

　　예시 ▸ 동물은 척추동물과 무척추동물로 나뉜다.

7. **원인과 결과**: ~으로 인해 ~되었다.

　　예시 ▸ 자동차와 공장에서 나오는 연기로 인해 공기가 더러워졌고,
　　　　그 결과 지구가 더 뜨거워졌다.

8. **문제와 해결**: ~문제가 있다. 해결하기 위해서는 ~해야 한다.

　　예시 ▸ 지구 온난화 문제가 있다. 해결하기 위해서는 이산화탄소 배
　　　　출을 줄여야 한다.

📖 아는 것과 모르는 것 구분하며 읽기

이렇게 책에 나온 사실을 정리한 후에는 읽기 지능 향상에 매우
중요한 메타인지를 작동할 수 있도록 도와주어야 합니다. 다시 말
해 아는 것과 모르는 것을 구분할 수 있는 능력을 키워줘야 해요.

잘 읽는 사람의 특징은 읽기 메타인지가 높다는 것인데요. 반

대로 낯선 지문을 만났을 때 잘 독해하지 못하는 아이들은 제대로 읽어보지도 않고 낯선 단어나 내용이 나오면 무조건 '모른다'고 합니다. 사실상 100% 모르는 내용의 책은 읽을 수 없으며, 책 내용의 99% 이상을 모른다면 그건 책을 잘못 고른 것입니다. 아이가 어느 정도 아는 내용이 포함된 책을 고를 수 있게 도와주고, 그다음에 아는 것과 모르는 것을 구분할 수 있게 지도해 주세요.

📓 책에서 얻은 통찰 확인하기

아는 것과 모르는 것을 구분해 봤다면 다음에는 새롭게 얻은 통찰에 대해 이야기를 나누어 보세요. 지식이 담긴 책들은 특정 현상이나 원리를 이해하게 해줍니다. 그래서 읽다 보면 반드시 '아하!' 하고 깨닫는 순간이 찾아오는데요. 그것을 이야기해 보는 것입니다.

이 통찰이 읽기 지능과 어떤 관련이 있는지 의아할 것 같아 덧붙이자면 글은 언제나 읽는 사람에게 통찰을 선사해야 의미가 있고, 그럴 때 비로소 적극적으로 독해하려고 노력하게 됩니다. 물론 우리 교육과정과 일상생활에서는 이처럼 통찰을 선사하는 책만 읽지는 않습니다. 그러나 그런 글을 독해하려면 의미 있는 글을 읽고 새로운 통찰을 경험해 봐야 합니다.

지금까지 안내한 내용을 잘 적용할 수 있도록 아이에게 하면 좋은 질문을 다음과 같이 정리했습니다. 가정에서 꼭 한번 실행해 보세요.

- 무엇을 이야기하는 책인가요?
- 목차의 큰 제목을 읽어보세요.
- 책에 나오는 것 중에 중요한 용어와 그 개념을 말해보세요.
- 그 용어와 관련된 사실을 문장으로 말해보세요.
- 책을 읽고 원래 알았던 내용과 몰랐던 내용을 한 가지씩 말해보세요.
- 책을 통해 새롭게 하게 된 생각, 깨달음, 통찰에 대해 말해보세요.

지금까지 읽기 지능을 높이기 위해 과학책을 어떻게 읽어야 하는지 소개했습니다. 사실 과학책은 정말 관심 있는 아이가 아니라면 스스로 찾아 읽는 책은 아닙니다. 이럴 때는 막연히 '과학책도 읽어보자'라고 하지 말고 날짜를 정해 이벤트처럼 읽어보며 앞서 소개한 활동을 하도록 돕는 것이 훨씬 현실적입니다. 이를 참고해서 잘 도와주세요.

읽기 지능을 높이는 과학책 추천도서

• 저학년(1~2학년)

고래를 삼킨 바다 쓰레기 | 유다정 | 와이즈만북스

공장식 농장, 지구가 아파요! | 데이비드 웨스트, 올리버 웨스트 | 지구
별어린이

나뭇잎은 어떻게 초록이 되나요 | 미아 포사다 | 풀과바람

나의 집은 우주시 태양계구 지구로 | 신동경 | 풀빛

땅속 생물 이야기 | 오오노 마사오 | 진선북스

미생물 특공대 | 조인하 | 산하

소금을 조심해 | 박은호 | 미래엔아이세움

시끌시끌 소음공해 이제 그만! | 정연숙 | 와이즈만북스

우주 쓰레기 | 고나영 | 와이즈만북스

• 중학년(3~4학년)

고체 액체 기체가 뭐래? | 윤병무 | 국수

과학은 쉽다! 3: 우리 몸의 기관 | 김정훈 | 비룡소

기술이 왜 필요할까? | 사라 월든 | 봄마중

날씨 이야기 | 브리타 테큰트럽 | 북뱅크

더운 지구 뜨거운 지구 펄펄 끓는 지구 | 유다정 | 파스텔하우스

말똥밭의 소똥구리 | 고정욱 | 파란자전거

소금아, 진짜 고마워! | 이영란 | 풀과바람

음식에서 찾은 화학 이야기 | 정순 | 리틀씨앤톡

태양계, 어디까지 알고 있니? | 서지원 | 풀과바람

• **고학년(5~6학년)**

고래가 삼킨 플라스틱 | 김남길 | 풀과바람

날씨를 읽는 시간 | 제시카 스톨러-콘라드 | 픽(잇츠북)

동물권 | 이정화 | 서유재

라면을 먹으면 숲이 사라져 | 최원형 | 책읽는곰

약이야? 독이야? 화학제품 | 김희정 | 아르볼

이대열 선생님이 들려주는 뇌과학과 인공지능 | 이대열 | 우리학교

파브르 식물 이야기 1~2권 | 장 앙리 파브르 | 사계절

화르르 뜨겁게 타오르는 불 | 성혜숙 | 웅진주니어

읽기 지능을 높이는
역사책 읽는 법

역사책을 읽으면서 우리가 얻을 수 있는 유익은 정말 많습니다. 그중 가장 중요한 것은 역사적 사실을 통해 교훈을 얻어 현재를 살아가고 미래를 준비할 수 있다는 것입니다. 우리 민족과 조상이 어떻게 살아왔는지를 읽다 보면 자연스럽게 이 시대의 흐름을 통찰하게 되고, 그것이 곧 삶의 지혜로 이어지지요.

또한 인류가 어떻게 발전해 왔는지를 읽다 보면 사회와 정치의 변화 과정을 이해하게 되어 시야가 넓어집니다. 역사적 사건의 해결 과정을 통해 사건을 다양한 관점에서 분석하고 평가하는 능력도 키울 수 있습니다. 그리고 우리 문화에 대한 이해도 쌓을 수 있어요. 우리 역사를 더 깊이 이해하면서 우리 민족의 정체성은 물론 자신의 위치를 확인하며 앞으로 나아갈 힘을 얻을 수 있는 것이 바로 역사책 읽기의 힘입니다.

이렇게 여러 장점이 있음에도 역사책을 즐겨 읽는 아이는 많지 않습니다. 현재를 중심으로 사고하는 아이 입장에서 역사책은 너무 먼 과거의, 자신과는 무관해 보이는 일을 다루고 있기 때문입니다. 무엇보다 용어가 너무 어려워 읽고 싶어도 그러기가 쉽지 않습니다.

간혹 역사책에 푹 빠진 아이들도 있지만 대부분 특정 시대나 전쟁사 같은 일부분만 주로 읽습니다. 정복이나 인물 간의 갈등과 같이 각자 관심을 보이는 부분이 다르기 때문이죠.

그렇기에 아이와 역사책을 읽는다는 것이 쉽지는 않지만, 이 책에서 계속 강조하듯이 자기 분야 독서가 아닌 책은 일시적으로라도 읽을 수 있도록 도와주면 됩니다. 역사책도 마찬가지로 읽기 전략을 가르쳐 주며 즐겨 읽을 수 있게 도와주세요.

📖 역사적 사실 파악하며 읽기

앞서 말한 대로 역사책을 읽는 가장 큰 목적은 역사적 사실을 통해 현재를 이해하고 미래를 위한 교훈을 얻는 것입니다. 이를 위해서는 일단 역사적 사실을 정확히 파악해야 합니다. 역사책 한 권을 다 읽고 이해하기는 어려우므로 한 꼭지나 챕터를 나누어 읽고 역사적 사실을 정확하게 이해했는지 확인하면 좋습니다. 해당 부분에 나온 역사적 사실을 시간 순서대로 정리해 보세요. 예컨대 임진왜란이라면 7년 동안 일어난 주요 사건들을 다음과 같이 순차적으로 정리할 수 있습니다.

임진왜란의 주요 사건
- 1592년: 한산도대첩 / 제1차 진주성 전투
- 1593년: 제2차 진주성 전투
- 1597년: 명량대첩 / 칠천량 해전

다음으로는 사건의 배경과 전개 과정을 파악하며 읽어야 합니다. 역사책은 우리 역사의 모든 것이 아닌, 국가적으로 의미 있는 사건만 정리한 책입니다. 즉 책에 나오는 사건들이 역사를 이해하는 중심축이므로 각 사건의 배경과 함께 자세히 살펴봐야 합니다. 임진왜란이라면 다음과 같이 이해할 수 있죠.

- **임진왜란의 배경**: 일본이 아시아 대륙으로 확장하려는 야욕으로 조선을 침략했고, 조선은 이에 대한 준비가 부족했다.
- **임진왜란 사건 정리**: 임진왜란(1592~1598년)은 일본의 도요토미 히데요시가 조선을 침략한 전쟁이다. 전쟁 초기에 일본군이 빠르게 조선을 침략하고 한양을 점령했으나 조선과 명나라가 연합군을 구성해 맞서기 시작하자 상황이 달라졌다. 이순신 장군의 해전 승리와 명나라의 원군 파병으로 일본군은 후퇴했고, 1598년에 일본의 철수로 전쟁이 끝났다.

📖 주요 인물 파악하며 읽기

역사적 사실을 파악했다면 다음에는 사건을 이루고 있는 주요 인물들을 기억하며 읽어야 합니다. 수많은 인물 중 역사책에 기록된 인물은 그만큼 역사적으로 의미가 있다고 볼 수 있죠. 임진왜란의 주요 인물은 이순신, 선조, 도요토미 히데요시 정도인데요. 책을 읽으며 이 인물들이 어떤 역할을 했는지 의식하며 읽게 해주세요. 인물 이름을 찾아 동그라미하고 밑줄을 그어보게 하면 좋습니다. 정리하면 다음과 같은 내용이 나오겠지요.

- **이순신**: 조선의 해군 장군. 여러 해전에서 일본군에 승리하며 전쟁의 상황을 바꾸는 데 공을 많이 세웠다. 1598년 노량해전에서 전사했다.
- **선조**: 당시 조선의 왕. 임진왜란 때 처음에는 잘 대처하지 못해 한양에서 피신했다. 전쟁 중 명나라에 도움을 요청했고, 전쟁 후에는 나라를 다시 일으키려고 노력했다.
- **도요토미 히데요시**: 일본의 장군이자 정치가. 조선을 침략해 임진왜란을 일으킨 주요 인물이다.

'읽기 지능을 높이는 이야기책 읽는 법'에서 간단히 언급했듯 이 인물의 욕구, 역할, 동기, 성격, 심리 변화, 행동 변화, 상황 변화를 의식하게 하면 더 집중해서 꼼꼼히 읽을 수 있습니다. 이야기책과 역사책은 픽션이냐 논픽션이냐의 차이만 있을 뿐 구조는 거의 같기 때문입니다.

📖 지도와 이미지 살펴보기

역사책을 읽으며 읽기 지능을 높이기 위해서는 지도나 이미지 등을 이해하며 읽는 것도 중요합니다. 역사책은 시대별로 여러 사건이나 상황을 보여주는 지도가 많이 등장합니다. 전쟁을 나타낸 지도의 경우에는 사건이 벌어진 주요 지역이나 순서를 나타내는 화살표를 살펴보며 진행 과정을 이해할 수 있어야 합니다. 아이가 직접 지도를 그려보는 것도 좋지요.

역사책에는 역사적인 인물이나 사실, 그리고 사료를 이해하는 데 도움을 주는 관련 이미지도 많이 등장합니다. 역사책에 실린 그림도 실제 역사 그림이든 삽화든 자세히 살펴보게 해주세요. 또한 '빗살무늬토기'처럼 단어만 볼 때보다 이미지까지 함께 볼 때 머릿속에 훨씬 잘 들어올 테니 글과 이미지를 대조하며 보도록 해주면 좋습니다.

📖 역사적 교훈과 의의 생각하기

마지막으로 역사적 사건을 통한 교훈이나 의의를 생각하게 해주세요. 역사책에는 이것들이 명시적으로 드러나 있는 경우가 많지 않습니다. 보통 사건의 진행 과정, 즉 사실만 전해주기 때문입니다. 그럴 때는 아이에게 이 사건에 과연 어떤 의미가 있을지 질문해 보세요. 사건을 정확히 이해하며 읽었다면 충분히 생각해 볼 수 있습니다. '의의'라는 단어를 모르는 아이가 많으니 이 사건으로 우리가 무엇을 생각해 볼 수 있겠냐고 물어보면 됩니다. 임진왜란의 경우 다음과 같이 정리할 수 있습니다.

임진왜란의 교훈

- 전쟁이 처음 시작되었을 때 군사가 준비되어 있지 않아 크게 피해를 입었기 때문에 늘 군사 준비를 해야 한다.
- 임진왜란 당시 나라를 지키기 위해 스스로 병사가 된 사람들이 많았는데, 나라를 위하는 그들의 용기와 마음을 배울 수 있다.
- 이순신 장군의 뛰어난 전술과 전략을 배울 수 있다.
- 명나라에게 도움을 요청해 힘을 얻었으니 어려울 때는 다른 나라와 협력할 수 있다.

이를 질문으로 정리하면 다음과 같습니다.

- 어떤 역사적 사건이 있었나요?

- 그 사건이 일어난 배경이나 상황은 무엇인가요?

- 어떤 사람들이 등장해 어떤 일을 했나요?

- 당시 사건이나 상황을 보여주는 지도를 따라 그려보세요.

- 역사책에 실린 사진을 자세히 살펴보세요.

- 이번에 읽은 부분의 사건을 순서대로 정리해 보세요.

여기까지 읽기 지능을 높이는 독서 전략에 대해 설명했습니다. 몰입 독서 경험을 쌓아가는 게 가장 중요하다는 사실을 꼭 기억하고 아이의 독서 유형에 따라 잘 지도해 주세요. 그다음 여러 분야의 도서를 차근차근 경험하게 도와준다면 능숙하게 잘 읽는 아이로 성장할 수 있을 것입니다.

읽기 지능을 높이는 역사책 추천도서

• 저학년(1~2학년)

1795년, 정조의 행복한 행차 | 윤민용 | 봄볕

곰이와 오푼돌이 아저씨 | 권정생 | 보리

안녕? 한국사 세트 전6권 | 백명식 | 풀빛

여기는 서울역입니다 | 정연숙 | 키다리

첫 역사 그림책 25권 세트 | 천개의바람

• **중학년(3~4학년)**

그날의 함성 | 고현숙 | 도담소리

외규장각 이야기 | 최지혜 | 키다리

조선 왕실의 생일잔치 | 박현정 | 선한능력

처음부터 제대로 배우는 한국사 그림책 25권 세트 | 개암나무

한권으로 뚝딱 누구나 쉽게 읽는 역사이야기 | 권혁운 | 가온누리

• **고학년(5~6학년)**

1960 4·19 혁명 | 성현정 외 | 현북스

1987 6월민주항쟁 | 오진원 | 현북스

국채보상운동 | 김지욱, 정우석 | 피서산장

이순신을 만든 사람들 | 고진숙 | 한겨레아이들

일본의 죄, 어디까지 아니? | 박찬아 | 고래가숨쉬는도서관

분야별 읽기 지능 북페이퍼

📖 학부모를 위한 읽기 활동 가이드

아이들의 읽기 지능을 높이기 위한 이야기책, 과학책, 역사책 읽기 방법을 앞서 살펴보았습니다. 여기서는 이 세 분야의 책을 체계적으로 읽을 수 있게 돕는 북페이퍼를 준비했습니다. 처음에는 작성이 어려울 수 있으니 중간에 책을 다시 보며 천천히 완성해도 괜찮습니다. 이 과정을 반복하다 보면 아이들은 자연스럽게 북페이퍼의 주요 내용을 기준으로 책을 읽게 될 것입니다. 여기서 소개하는 방법대로 아이와 꼭 시도해 보세요.

읽기 지능 북페이퍼: 이야기책

도서명:

핵심 갈등

↓

주요 사건

주요 인물(욕구, 역할, 동기, 성격, 심리 변화, 행동 변화, 상황 변화를 고려해 작성)

인물 1

인물 2

인물 3

**갈등 해결
과정**

이야기 주제

이야기 제목, 인물의 대사, 이야기의 결말 등을 바탕으로 추론

**주제에 대한
의견**

읽기 지능 북페이퍼: 과학책

도서명:

목차 읽기

큰 제목 옮겨 쓰기(양이 적으면 다 쓸 것)

**구조
파악하기**

적어놓은 목차로 책의 구성 추론해 보기

용어

개념

사실

용어

개념

사실

용어

개념

사실

214~215쪽의 예시 문장을 참고해 작성

처음 안 사실

알고 있던
사실

깨달은 점

읽기 지능 북페이퍼: 역사책

도서명:

사건의 흐름

	→		→	

사건의 배경

주요 인물(욕구, 역할, 동기, 성격, 심리 변화, 행동 변화, 상황 변화를 고려해 작성)

인물 1

인물 2

인물 3

주요 사건
정리

교훈과
의미

PART 4

다양한 읽을거리,

어떻게 읽을까?

만화책 읽기,
어떻게 봐야 할까?

지금까지 읽기 지능에 대한 근본적인 이해부터 읽기 지능을 높이는 법과 다양한 분야의 도서를 읽는 방법까지 소개했습니다. 앞서 설명한 내용을 잘 실천한다면 아이가 무엇을 읽든 읽기 지능이 쑥쑥 성장할 겁니다. 이번 PART 4에서는 초등학생이 읽을 수 있는 다양한 읽기 자료와 이를 전략적으로 읽는 방법을 소개하겠습니다.

우리는 '독서'라고 하면 흔히 단행본으로 출간된 문학 도서와 비문학 도서만 떠올립니다. 게다가 만화를 제외한 줄글로 된 일반

도서, 즉 '줄글책'만 책이라고 생각하기도 하지요. 그러다 보니 아이들에게도 이런 책만 권하게 되고, 그 밖의 여러 읽기 자료는 소외되어 아이들이 다양하게 읽어볼 기회를 놓치고 있습니다.

따라서 이어지는 내용에서는 여러 가지 읽기 자료와 이를 전략적으로 읽는다면 읽기 지능 향상에 도움이 된다는 사실을 자세히 소개하겠습니다.

📖 언제나 논란인 만화책

우선 만화책에 대해 이야기하겠습니다. 만화책 읽기는 대한민국에서 항상 논란이 되는 주제입니다. 만화책은 누가 시키지 않아도 많은 아이가 빠져들어 읽는 책인데요. 어떤 부모는 '만화'를 단순한 오락 개념으로 생각해서 아이에게 읽지 말라고 계속 잔소리를 합니다. 그런가 하면 만화책이라도 읽는 것이 어디냐며 그냥 두는 부모도 있지요.

이를 두고 교육 전문가들 사이에서도 의견이 갈립니다. 크게 둘로 나누자면 어떤 전문가는 만화책이 독이라도 되는 듯 절대 읽게 하지 말라고 경고하고, 또 다른 전문가는 아이가 좋아한다면 그냥 두라고 조언합니다. 이처럼 전문가들 사이에서도 의견이 엇갈리다 보니 많은 부모가 혼란스러워합니다.

하지만 이런 어른들의 고민이나 논의와 상관없이 만화책을 좋아하는 아이들은 어떻게든 읽습니다. 그래서 저는 좋고 나쁨을 따지기보다는 이미 읽고 있는 만화책을 어떻게 잘 활용할 수 있을지 설명하려고 합니다.

📓 만화책의 효용

우선 줄글책을 읽지 않은 채로 고학년이 된 아이들에게는 만화책이 도움이 될 수 있습니다. 이런 아이들은 책을 펼쳤을 때 글만 쭉 이어져 있으면 부담을 느껴 읽지 않으려고 합니다. 또는 줄글책 읽기 경험이 부족해 읽지 못하는 경우도 있지요. 반면에 만화책은 한 페이지가 여러 컷으로 나뉘어 있고 말풍선 속 문장이 짧고 간결해 읽기 부담이 덜합니다. 또한 책장이 술술 넘어가는 만화책을 읽다 보면 손으로 물성 있는 책을 만지는 것에 익숙해져서 줄글책을 안 읽던 아이들이 줄글책을 시작할 때 약간의 도움이 됩니다.

학습 만화의 경우에는 해당 학년의 교과 내용을 담은 책을 읽으면 학업 능력 향상에도 도움이 됩니다. 학습 만화는 주로 과학, 역사, 한자와 교과 관련 내용을 다루는데요. 아이들에게는 어려운 분야이다 보니 줄글책보다는 재미있게 풀어낸 만화책을 보면 이해하기도 쉽고 재미까지 얻을 수 있어 일석이조입니다.

그런데 만화책 읽기를 허용하는 부모도 때로는 만화책이 정말 도움이 될지 의문을 갖습니다. 만화책만 읽어도 줄글책을 읽을 때와 같은 효과를 거둘 수 있을지 궁금할 텐데, 결론부터 말하자면 그렇지 않습니다. 더 정확히 말하면 줄글책과 만화책의 가장 큰 차이는 읽기 지능을 성장시키는가 그렇지 않는가입니다.

읽기 지능은 오로지 긴 호흡의 글을 꾸준히 읽고 그 속의 문장을 이해하려 애쓴 시간이 쌓여야만 발달합니다. 그러니 만화책만으로는 읽기 지능을 키울 수 없습니다. 제가 앞서 읽기 지능을 높이려면 호흡이 긴 이야기책을 꼭 읽게 해야 한다고 강조한 것과 같은 맥락입니다.

그럼에도 만화책 읽기를 소개하는 것은 이미 많은 아이가 만화책을 즐겨 읽는 만큼 읽지 말라고 막는 것은 사실상 불가능하니 이왕이면 잘 활용해 보자는 의미입니다. 무엇보다 다양한 읽기 자료를 접하는 것은 '글을 즐기는 독자'로 성장하는 데 오히려 도움이 됩니다.

📖 만화책의 종류

뒤이어 학습 만화 읽는 법을 안내하기에 앞서 만화책의 종류를 간단히 살펴보겠습니다. 이론적으로 완전히 정리된 것은 없기에 현재 출간되는 만화책과 아이들이 자주 읽는 만화책을 바탕으로 설명하면 크게 세 가지로 나눌 수 있습니다. 재미있고 코믹한 내용이 담긴 재미 만화, 교육적인 내용을 다루는 학습 만화, 그리고 그래픽 노블입니다. 그래픽 노블은 그래픽(graphic)과 노블(novel)의 합성어로, 직역하면 그림 소설이라고 할 수 있는데요. 만화와 소설의 중간 형태라고 보면 됩니다.

이 세 가지 종류 중에서 재미 만화는 독서의 관점에서 보면 즐거움만 추구하는 놀이에 가까우니 이 책에서는 제외했습니다. 따라서 지식을 다루는 학습 만화와 문학성이 돋보이는 그래픽 노블을 중심으로 자세히 설명하겠습니다.

학습 만화책은
어떻게 읽을까?

먼저 학습 만화책 읽기에 대해 이야기해 보겠습니다. 학습 만화
는 말 그대로 학습적인 내용을 담고 있으며 서술 방식만 다를 뿐
내용 면에서는 일반 지식 도서와 크게 다르지 않습니다. 물론 도
서에 따라 얕은 지식만 전하고 끝나는 경우도 있기는 하지만요.
그래서 읽기 후의 활동도 일반 지식 도서와 마찬가지로 '무엇을
배웠는지'에 집중하면 됩니다. 다음과 같은 활동을 해볼 수 있습
니다.

📖 퀴즈 출제해 보기

만화책을 읽는 중이나 읽고 나서 할 수 있는 활동입니다. 학습 만화는 컷과 프레임 안에 지식을 보기 좋게 정리했기 때문에 책을 보며 바로 퀴즈를 내기 좋습니다. 학습 만화를 즐겨 읽는 아이가 가족들에게 퀴즈를 내게 해보세요. 읽은 내용을 말로 표현하면 훨씬 잘 이해되고 오래 기억에 남습니다. 가족들과 즐거운 시간도 보낼 수 있고요.

📖 재미 포인트 찾기

만화책은 기본적으로 어떤 내용을 설명하든 독자에게 즐거움을 주기 위해 곳곳에 재미 포인트를 넣습니다. 따라서 아이에게 재미 포인트를 찾아보라고 해도 좋습니다. 예컨대 사자성어를 다루는 학습 만화라면 사자성어를 활용한 캐릭터들의 코믹한 대화가 나오겠죠. 이러한 재미 포인트는 학습 내용을 효과적으로 전달하기 위한 장치이므로 이를 찾아보는 것만으로도 책의 내용을 이해하는 데 도움이 됩니다.

📖 한 문장으로 책 소개하기

학습 만화책을 읽고 나서 그 책이 무엇을 설명하는지 한 문장으로 표현해 보는 활동입니다. 예를 들어 봄나무 출판사에서 출간한 생태 학습 만화 『이것저것 동물들의 하루』를 읽었다면 '여러 서식지에 사는 동물들의 일상을 재미있게 표현한 책이다'와 같이 한 문장으로 말하면 됩니다. 간단해 보이지만 이렇게 말하다 보면 아이가 자신이 읽은 책의 주제나 소재를 명확히 파악할 수 있습니다.

📖 배운 점 말하기

배움은 즐겁고 경쾌한 일입니다. 아이들은 지적 호기심이 매우 강하기 때문에 이를 채워주는 책을 계속 찾아 읽습니다. 이때 배운 내용도 중요하지만, 더 중요한 것은 아이가 지식을 채우며 느꼈을 지적 쾌감입니다. 그러니 배운 점을 말하게 하는 것도 책의 재미를 말하는 것과 다르지 않습니다. 책을 읽고 나서 거기서 배운 내용을 1~3가지 말하게 해보세요. 아이가 독서로 무언가를 배우는 일을 더욱 즐기게 될 것입니다.

📖 궁금한 점 말하기

아이가 학습 만화책을 꾸준히 읽는 이유는 새로운 것을 배우면서 동시에 궁금증이 더 생기기 때문입니다. 그게 바로 지식의 특성이죠. 알면 알수록 호기심과 궁금증이 커집니다. 그런데 많은 아이가 이를 표현하지 않고 넘어가곤 해요. 그러면 다음에 읽을 책을 고르기에 어려울 수 있습니다. 또는 학습 만화의 수준을 높여가지 못하고 비슷한 수준의 책만 반복해서 보기도 합니다. 학습 만화 읽기 활동을 발전시키기 위해서라도 아이에게 책을 읽고 더 알고 싶은 점이 있었는지 물어보세요.

📖 궁금한 점 해결하기

학습 만화는 일상과 연결해 궁금한 점을 풀어주는 형태가 많습니다. 곤충을 다루는 학습 만화라면 밖으로 나가 곤충을 관찰해 보도록 권유하고, 수학 관련 학습 만화라면 수학 문제 해결에 도움을 주죠. 아이와 함께 학습 만화책을 읽고 어떤 것을 해결해 볼 수 있을지 이야기하고 실천하게 해보세요.

📖 비슷한 소재의 다른 책 찾기

재미있게 읽은 학습 만화책은 자연스럽게 비슷한 소재나 주제의 다른 책들을 찾아보게 만듭니다. 이것이 책의 큰 매력이죠. 아이에게 읽은 학습 만화책의 소재나 주제를 말하게 하고 그와 관련된 다른 책이 있는지 찾아보세요. 온라인 서점 검색창에 키워드를 검색하고 '어린이책' 카테고리를 클릭하면 관련 도서가 나옵니다. 이때 학습 만화뿐 아니라 다른 종류의 책들도 검색되는데 아이들은 관심 있는 주제라면 무엇이든 즐겁게 읽을 것입니다. 독서 확장이 자연스럽게 이루어지는 것이죠.

📖 나만의 지식책 만들기

학습 만화는 만화적 요소를 활용해 지식을 전하는 책입니다. 아이들이 재미있게 읽어가면서 지식을 자연스럽게 받아들이는 것이 장점이죠. 만약 여기서 읽기 지능 향상까지 원한다면 아이에게 배운 내용을 글로 정리해 보게 하면 좋습니다. 한마디로 '나만의 지식책 만들기'인데요. 작은 수첩이나 노트에 만화적 요소를 빼고 배운 내용만 쓰게 해보세요. 이를 통해 학습 만화도 재미있게 읽고 지식도 체계적으로 정리하는 두 가지 효과를 얻을 수 있습니다. 자신이 만든 책의 제목도 지어보면 좋습니다.

📖 비평가처럼 책 평가하기

학습 만화를 좋아하는 아이들은 여러 권의 책을 읽습니다. 이미 많은 학습 만화를 접했을 테니 나름 전문가가 되어 있을 거예요. 아이에게 학습 만화를 비평해 보게 해서 진정한 학습 만화 전문가가 되게 해주세요.

비평은 작품이나 사건을 분석하고 평가하는 것입니다. 개인적 감상이나 주관이 아니라 객관적 시선으로 바라보고 판단하는 것이죠. 학습 만화를 즐겨 읽는 아이라면 독서 경험이 많이 쌓여 있기 때문에 충분히 비평할 수 있습니다. 이러한 과정에서 더 좋은 책을 고르는 안목도 생기죠. 책을 읽고 나서 다음과 같은 내용을 평가하게 해보세요.

• 학습에 도움이 될 것 같나요?

- 흥미를 끌며 재미있게 읽을 수 있게 구성되어 있나요?

- 재미있는 이야기 속에 학습 내용이 잘 담겨 있나요?

- 등장하는 캐릭터가 매력적인가요?

- 캐릭터들이 학습 내용을 잘 전해주고 있나요?

- 그림이 학습 내용을 설명하는 데 도움이 되나요?

- 나쁜 단어가 나왔다면 무엇이며, 그에 대해 어떻게 생각하나요?

📓 학습 만화 일기 쓰기

학습 만화를 읽고 해본 여러 활동을 일기에 정리해 보세요. 학습 만화 일기는 학습 만화책을 읽고 배운 것에 초점을 맞춘 일기입니다. 앞서 다룬 재미 포인트 찾기, 한 문장으로 책 소개하기, 배운 점 말하기, 궁금한 점 해결하기, 비평가처럼 책 평가하기 등의 내용을 담아 쓰면 훌륭한 일기가 됩니다. 다음 예시를 참고해 보세요.

제목: 과학 학습 만화 - 전기의 원리
오늘은 과학 학습 만화에서 전기의 원리를 공부했다. 전기가 어떻게 발생하

고 흐르는지 쉽게 설명해 줘서 잘 이해할 수 있었다. 특히 전기가 도체를 통해 어떻게 이동하는지 그림으로 잘 설명해서 인상 깊었다.

이 만화를 읽고 나서 전기 회로를 직접 만들어 보고 싶어졌다. 내일 학교에서 배운 전기 실험을 다시 해볼 계획이다. 전기 회로에 전구를 연결해 전구에 불이 켜지는지 직접 확인할 생각을 하니 벌써부터 기대된다. 전기의 흐름에 대해 더 알고 싶어서 관련 책을 도서관에서 빌려볼 예정이다.

만화로 배우니 어렵지 않게 이해할 수 있었고 공부하는 것이 즐거웠다. 앞으로도 학습 만화를 읽으며 꾸준히 공부할 것이다.

이미 학습 만화에 푹 빠진 아이라면 독서를 멈추게 하기가 쉽지 않습니다. 그럴 때는 여기서 안내한 방법을 활용해 보세요. 학습 만화로 얻을 수 있는 것에 더해 읽기 지능까지 높여서 좋은 효과를 볼 수 있을 것입니다.

읽기 지능을 높이는 학습 만화 추천도서

• 저학년(1~2학년)

놓치 마 과학! 1~19권 │ 신태훈, 나승훈 │ 위즈덤하우스

석기 시대 천재 소년 우가 │ 레이먼드 브릭스 │ 문학동네

에그박사 시리즈 1~13권 │ 에그박사 │ 미래엔아이세움

에그박사의 채집 일기 1~5권 │ 에그박사 │ 미래엔아이세움

• **중학년(3~4학년)**

who? 인물 한국사 시리즈 | 다산어린이

이것저것 공룡들의 하루 | 마이크 바필드 | 봄나무

이것저것 동물들의 하루 | 마이크 바필드 | 봄나무

폭풍우 치는 날 | 발렌티나 캄비 | 바나나북

• **고학년(5~6학년)**

가가 씨의 과학 장난감 가게 | 우에타니 부부 | 아울북

설민석의 삼국지 대모험 1~18권 | 단꿈아이 | 단꿈아이

정재승의 인간 탐구 보고서 1~15권 | 정재은, 이고은 | 아울북

채사장의 지대넓얕 1~10권 | 채사장, 마케마케 | 돌핀북

히스토리 히어로즈 1~3권 | 정명섭 | 아울북

그래픽 노블은
어떻게 읽을까?

그래픽 노블은 앞서 이야기한 대로 만화와 소설의 중간 형태입니다. 아직 학계에서도 여러 논의가 진행 중인 장르인데요. 만화가 일반적으로 그 가치를 제대로 인정받지 못하듯 그래픽 노블 역시 만화라는 이유로 상반된 평가를 받고 있습니다.

하지만 어린이책 시장에는 그래픽 노블이 활발히 출간되고 있으며 아이들도 즐겨 읽고 있습니다. 이미 많은 사랑을 받고 있는 세계 명작이나 줄글 도서가 그래픽 노블로 재탄생되기도 하고요. 처음부터 그래픽 노블로 기획된 작품도 있습니다. 게다가 제법 묵직한 사회 문제를 다룬 그래픽 노블도 출간되고 있어 독자들에게 매력적인 새로운 장으로 받아들여지고 있습니다.

그래픽 노블은 학습 만화와는 달리 텍스트가 꽤 많습니다. 만화처럼 컷과 대화체 중심으로 구성되지만 불필요한 코믹 요소나 부수적인 내용 없이 깔끔하게 진행되지요. 그래서 이어서 소개하는 방법들을 참고해 꼼꼼히 읽어나간다면 줄글책만큼은 아니더라도 읽기 지능을 높이는 데 도움이 됩니다. 그럼 그래픽 노블을 어떻게 읽어야 하는지 알아볼까요?

📖 구성에 주의해서 읽기

그래픽 노블은 작은 장면인 '컷'들이 모여 한 페이지를 구성합니다. 따라서 컷의 배치 순서와 흐름을 이해하는 것이 중요한데요. 일반적으로 왼쪽에서 오른쪽, 위에서 아래로 읽지만 작가가 의도적으로 다르게 배치할 수도 있습니다. 처음 책을 펼쳤을 때 컷의 배치 순서와 흐름을 잘 파악하면 이후에는 쉽게 읽어나갈 수 있으니 초반에는 곁에서 신경 써주세요.

📖 그림 자세히 살펴보기

일반 동화가 글을 중심으로 중간중간 삽화를 보며 읽는 식이라면 그래픽 노블은 글과 그림이 함께 이야기를 이끌어 갑니다. 그중 그림부터 유심히 살펴봐야 하는데요. 그림에는 인물의 성격, 감정, 정서 등이 담겨 있어서 인물의 표정이나 모습에 담긴 마음을 느끼며 읽어야 합니다. 또한 일반 동화에는 글로 나타나는 단서들이 그래픽 노블에는 그림에도 숨어 있을 수 있습니다. 따라서 아이가 책을 읽어 내려갈 때 그림을 놓치지 않도록 유의해야 해요.

📖 말풍선과 지문 읽기

말풍선은 인물의 대사뿐 아니라 모양, 글자 크기, 폰트를 달리해서 인물의 말투와 감정을 생생하게 전달합니다. 예를 들어 말풍선이 날카로운 모양이라면 날선 감정을, 둥근 모양이라면 부드러운 말투를 나타내지요. 지문도 마찬가지로 모양을 달리해서 내용을 강조하기도 합니다. 따라서 가볍게 여기며 놓치지 말고 하나하나 유심히 살펴봐야 해요.

📖 두 번 읽기

그림과 글을 함께 읽는 것이 익숙하지 않은 아이에게는 그래픽 노블 읽기가 쉽지 않습니다. 또한 재미 만화에 익숙한 아이들은 그림 위주로 읽는 습관이 있어 그래픽 노블도 그렇게 읽을 가능성이 있습니다. 따라서 같은 책을 두 번 읽어보면 좋습니다. 한 번 읽기로 이야기를 재미있게 즐겼다면 두 번째 읽기에서는 그림만 살펴보거나 글만 쭉 읽어보는 겁니다.

📖 원작과 견주어 읽기

앞서 말한 대로 그래픽 노블은 기존 작품이 새롭게 재탄생하는 경우가 많습니다. 이 경우에는 원작과 그래픽 노블을 함께 읽으면 각 장르의 매력을 더 깊이 느낄 수 있습니다. 또한 줄글을 잘 안 읽던 아이라면 독서에 도움을 얻을 수 있지요. 예컨대 위즈덤하우스에서 출간된 『빨간 머리 앤』 그래픽 노블을 먼저 읽는다면 시공주니어에서 나온 완역본 『빨간 머리 앤』을 읽을 때 이해하기 더 쉬울 겁니다. 다음은 견주어 읽기 좋은 두 가지 작품이며 그래픽 노블에 학년 수준을 명시해 놓았습니다.

💡 견주어 읽기 좋은 그래픽 노블과 원작 도서

그래픽 노블	원작
기억 전달자 | P. 크레이그 러셀 | 비룡소 (6학년 이상)	기억 전달자 | 로이스 로리 | 비룡소 (2024 개정판)
나의 라임오렌지나무 | 루이스 안토니우 아귀아르 | 동녘 (5학년 이상)	초등학생을 위한 나의 라임 오렌지나무 | J. M. 바스콘셀로스 | 동녘주니어
마녀를 잡아라 | 페넬로프 바지외 | 시공주니어 (5학년 이상)	마녀를 잡아라 | 로알드 달 | 시공주니어
만화 어린 왕자 | 오쿠모토 다이사부로 | 상상의힘 (5학년 이상)	어린 왕자 | 앙투안 드 생텍쥐페리 | 비룡소
빨간 머리 앤 그래픽노블 | 머라이어 마스든 | 위즈덤하우스 (4학년 이상)	빨간 머리 앤 | 루시 모드 몽고메리 | 시공주니어
세상에서 가장 힘센 소녀 삐삐 | 아스트리드 린드그렌 | 시공주니어 (3학년 이상)	내 이름은 삐삐 롱스타킹 | 아스트리드 린드그렌 | 시공주니어
안네의 일기 | 아리 폴먼 | 흐름출판 (5학년 이상)	안네의 일기 | 안네 프랑크 | 지경사
제로니모의 환상모험 그래픽노블 1~2권 | 톰 앵글버거 | 사파리 (2학년 이상)	제로니모의 환상모험 시리즈 | 제로니모 스틸턴 | 사파리

 줄글로 써보기

그래픽 노블을 읽고 동화를 쓰듯 줄글로 바꿔 써보는 활동도 좋습니다. 그림과 글을 문장으로만 표현하다 보면 자연스럽게 그림에 담긴 상황이나 장면들을 글로 표현하게 됩니다. 이 과정에서 그림을 다시 유심히 살펴볼 수도 있죠. 책의 내용을 더 깊이 이해할 수 있을 뿐 아니라 무엇보다 글쓰기 실력이 향상됩니다. 다만 책 한 권의 내용을 쓰기에는 분량이 너무 많으니, 가장 마음에 남는 장면을 골라 써보게 해주세요.

읽기 지능을 높이는 그래픽 노블 추천도서

• 저학년(1~2학년)

나는 제인 구달이야! | 브래드 멜처 | 보물창고 (2학년 이상)

나의 달을 지켜 줘 | 정진호 | 길벗어린이 (2학년 이상)

안녕 본본 | 정유진 | 노란상상 (7세 이상)

• 중학년(3~4학년)

단짝 친구 | 샤넌 헤일 | 다산기획 (4학년 이상)

영원한 친구 | 샤넌 헤일 | 다산기획 (4학년 이상)

진짜 친구 | 샤넌 헤일 | 다산기획 (4학년 이상)

처음 우주에 간 고양이, 피자를 맛보다 | 맥 바넷 | 나무의말 (3학년 이상)

처음 우주에 간 고양이와 죽음의 수프 | 맥 바넷 | 나무의말 (3학년 이상)

• **고학년(5~6학년)**

나쁜 누나 | 캐리스 메리클 하퍼 | 밝은미래 (5학년 이상)

뉴 키드 1~2권 | 제리 크래프트 | 보물창고 (5학년 이상)

반 고흐 | 바바라 스톡 | 미메시스 (5학년 이상)

별들이 흩어질 때 | 빅토리아 제이미슨, 오마르 모하메드 | 보물창고
(5학년 이상)

블랙 걸 | 에밀리 플라토 | 밝은미래 (5학년 이상)

알레르기 | 메건 바그너 로이드 | 밝은미래 (5학년 이상)

엘 데포 | 시시 벨 | 밝은미래 (5학년 이상)

왕자와 드레스메이커 | 젠 왕 | 비룡소 (5학년 이상)

출입 금지 | 실비아 베키니, 수알초 | 밝은미래 (5학년 이상)

트윈스 | 베리언 존슨 | 보물창고 (5학년 이상)

표범이 말했다 | 제레미 모로 | 웅진주니어 (5학년 이상)

학교에서 살아남기 | 스베틀라나 치마코바 | 보물창고 (5학년 이상)

지금까지 학습 만화와 그래픽 노블을 활용해 읽기 지능을 높이는 방법을 소개했습니다. 만화책은 한번 손에 잡으면 끝까지 읽게 되는 매력이 있습니다. 여기서 소개한 활용법을 참고해 아이의 읽기 지능 향상에 많은 도움을 받고, 만화책을 더욱 의미 있는 독서 경험으로 만들어 보세요.

신문을
왜 읽어야 할까?

최근 신문 읽기가 각광받고 있습니다. 25~30년 전쯤 NIE라고 해서 신문 활용 교육이 널리 퍼져 있었는데, 당시에는 신문을 활용한 다양한 교육 활동에 초점을 두었죠. 최근에는 비문학 독해력 향상을 위해 다양한 비문학 지문을 읽고 이해하는 데 중점을 둔 신문 읽기 활동이 널리 퍼져 있습니다.

요즘에는 초등학생이 읽을 만한 기사를 추려 아이 수준에 맞추어 쓴 책이 많이 출간되다 보니 이를 활용하는 학부모가 늘었습니다. 저 또한 2024년 4월에 『하루 10분 초등 신문』을 출간했는데요. 일반 어린이 신문에서는 만나기 어려운 사회의 다양한 면을 보여주는 기사도 골고루 실었더니 아이들이 재미있다며 몰입해서 읽는 모습을 보며 무척 흐뭇했습니다.

그렇다면 오늘날과 같이 인터넷과 스마트폰으로 세상 소식을 손쉽게 찾을 수 있는 세상에서 어릴 적부터 신문 읽기에 관심을 가져야 하는 이유는 무엇일까요? 여기에는 다양한 이유가 있는데 하나씩 살펴보겠습니다.

📖 교양 있는 시민으로 성장할 수 있다

우선 어른들이 아이에게 신문 읽기를 권하는 가장 큰 이유는 신문을 읽는 것이 아이를 사회의 한 시민으로 인정하는 일이기 때문입니다. 아이 입장에서는 사회를 폭넓게 경험하며 인식을 확장하고 시민으로서 주체성을 키울 수 있지요.

신문은 전 세계에서 일어나는 일을 다루기에 읽다 보면 세상의 흐름을 인식하고 세상을 보는 시야도 넓어집니다. 신문을 꾸준히 읽다 보면 사회 현상에 대한 이해도 깊어지죠. 또한 사회, 경제,

문화 트렌드를 파악하게 되니 세상에 적응하는 방식을 배울 수 있습니다.

무엇보다 교양 습득 차원에서도 신문은 유용합니다. 정치, 경제, 사회, 문화, 과학 등 다양한 주제를 다루므로 폭넓은 교양과 지식을 얻을 수 있어요. 우리나라 입시 제도 특성상 학과목 공부를 무시할 수는 없지만 더 중요한 것은 세상 공부라고 생각합니다. 세상에 대한 교양과 지식이 있는 사람이 그 속에서 사는 자신을 잘 이해하고 앞날을 잘 꾸려갈 수 있지 않을까요?

📖 비판력과 논리력을 키울 수 있다

신문에는 여러 필자의 글과 관점이 실려 있어 세상 이슈에 대한 다양한 시각을 접하고 비판적 사고력도 키울 수 있습니다. 사실 신문 한 부에는 그 신문사의 시각이 담겨 있습니다. 우리는 흔히 신문 기사를 객관적이라고 생각하지만 신문사가 선택한 세상사이기 때문에 완전히 객관적일 순 없습니다. 그래서 여러 신문사의 기사를 읽는 게 좋은데요. 이를 통해 다양한 논조를 접하다 보면 비판적인 사고력이 자연스럽게 향상됩니다.

또한 신문 기사는 정확한 논리 구조로 쓰여 있어 논리적 사고력에도 도움이 됩니다. 독자는 글을 읽을 때 필자의 사고 흐름을 자연스럽게 따라가는데요. 당연히 논리적인 글을 자주 읽을수록 논리적 사고력이 자랄 수밖에 없습니다.

📖 문제 해결 능력과 어휘력을 키울 수 있다

문제 해결 능력 또한 신문 읽기의 큰 효용입니다. 저는 살아가면서 가장 중요한 것이 문제 해결 능력이라고 생각합니다. 눈앞에 직면한 문제를 잘 해결해야 앞날을 개척하고 삶을 꾸려갈 수 있기 때문이죠. 개인의 문제는 사회 문제와 맞닿아 있으므로 신문 기사로 끊임없이 사회 문제를 만나다 보면 자연스럽게 문제의식이 생길 겁니다. 이것이 문제 해결 능력으로 이어지죠.

신문을 읽다 보면 '세상 어휘력'도 자연스럽게 향상됩니다. 세상 어휘력이란 제가 만든 말로, 세상의 면면을 보여주는 어휘를 활용하는 능력을 뜻합니다. 다시 말해 시사 어휘가 곧 세상 어휘이지요. 신문은 온갖 세상사를 다루기에 여러 기사와 문맥에서 세상 어휘력을 높일 수 있는 어휘들을 반복적으로 접하게 됩니다.

세상 어휘는 시의성을 담고 있는 신문에서만 익힐 수 있으므로 따로 외우기보다 신문을 읽으며 자연스럽게 습득하는 것이 가장 좋습니다.

📖 읽기 지능이 향상된다

마지막으로 신문을 읽다 보면 읽기 지능도 높아집니다. 이 책의 PART 3에서 강조했듯 읽기 지능 향상에는 무엇을 읽느냐보나 얼마나 몰입해서 읽느냐가 더 중요합니다. 신문은 여러 분야의 기사를 담고 있어 독자가 자연스럽게 관심 있는 기사를 중심으로 읽을 수밖에 없습니다. 이러한 기사를 읽으면 자연스럽게 몰입하게 되죠. 신문 기사는 길지 않지만 기본적으로 세상의 흐름을 이해해야 하고 다소 어려운 어휘가 있어 읽기가 쉽지 않습니다. 이런 글에 반복해서 몰입하다 보면 읽기 지능이 자연스레 향상되지요.

지금까지 신문 읽기의 장점을 살펴보았습니다. 요즘은 많은 사람이 유튜브로 세상 소식을 접합니다. 이미 유튜브에 익숙해진 아이들도 마찬가지이고요. 그런데 유튜브는 알고리즘으로 인해 자극적인 뉴스가 홈 화면에 노출될 때가 많습니다. 또한 조회 수를 올리기 위해 콘텐츠를 자극적으로 구성하는 유튜브 채널들도 많지요. 아이들을 비롯해 많은 사람이 비판 없이 이런 뉴스를 소비합니다.

간혹 일부 부모는 세상사가 너무 흉악하다며 아이에게 신문 기사를 보여주지 않으려 하는데요. 그럴수록 알고리즘으로 노출되는 유튜브 콘텐츠가 아닌 종이 신문을 접하게 해줘야 합니다. 종이 신문의 기사를 아이가 주체적으로 읽고 생각하고 판단할 기회를 주세요. 그러면 자극적인 기사를 접하더라도 왜곡되지 않은 시각으로 세상을 바라보는 힘을 기를 수 있을 것입니다.

효과적인
신문 읽기법

그럼 본격적으로 읽기 지능을 높이는 신문 읽기법에 대해 안내하 겠습니다. 앞서 이야기한 대로 최근 신문 읽기 책이 많이 출간되 고 있으나 본래의 종이 신문도 경험해 보기를 권합니다. 신문도 책처럼 하나의 매체이고, 그 매체의 속성을 경험해 봐야 기사를 보는 안목이 생기기 때문입니다. 간단히 설명하자면 신문이 세상 사를 다루는 매체임을 알아야 독자 스스로 어떻게 읽을지 판단할 수 있습니다. 이 책 전반부에서 계속 강조했듯 모든 텍스트는 잘 읽는 법을 배우는 것도 중요하지만 낯선 글을 만나 스스로 이해하려 노력하는 과정에서 읽기 지능이 성장합니다.

우선 어떤 신문을 읽어야 할지 궁금할 텐데요. 사실 신문이라는 매체를 제대로 경험하려면 어른 신문을 읽어야 합니다. 하지만 아이가 읽기에는 너무 어려워 사실상 불가능합니다. 그래서 어린이 신문을 권합니다. 어린이 신문은 현재 어린이동아, 어린이조선 홈페이지에서 PDF를 다운로드해서 지면으로 볼 수 있습니다. 어느 것이 좋은지 어른이 판단해 정해주지 말고, 아이가 두 가지를 모두 경험하게 해주면 좋겠습니다. 그렇다면 읽기 지능 향상에 도움이 되는 신문 읽기법을 하나씩 소개하겠습니다.

🗒️ 헤드라인 훑기

신문 한 부에는 참 많은 이야기가 담겨 있습니다. 어린이 신문은 하루치가 3~4페이지의 기사로 구성되어 있는데요. 이 부분을 자유롭게 넘기며 헤드라인만 봐도 세상사가 눈에 들어옵니다. 본래 신문 기사는 골라 읽는 것이므로 아이가 이리저리 펼쳐 본다고 말리지 말고 스스로 골라 읽을 수 있게 지도해 주세요.

📘 기사의 배경지식 찾기

신문 읽기가 처음에 어렵게 느껴지는 이유는 관련 배경지식이 없기 때문입니다. 예를 들어 신문에는 매일 완전히 새로운 보도가 나오는 경우가 많지 않습니다. 다시 말해 지난 소식의 후속 보도를 전달하는 경우가 많지요.

예컨대 몇 달 전까지 북한이 남한을 향해 오물 풍선을 보내고 있다는 기사가 자주 나왔는데요. 만약 오늘 오물 풍선 관련 기사를 읽었다면 아이 입장에서는 당연히 궁금한 점이 생길 것입니다. 언제부터 보냈는지, 몇 번째인지, 왜 보냈는지와 같은 직접적인 의문부터, 북한과 남한의 현재 관계는 어떠한지 등 더 넓은 맥락의 이야기까지 궁금해질 수 있죠.

관련 배경지식을 얻으려면 어른의 도움이 필요한데요. 네이버와 같은 포털 검색 사이트에서 관련 단어를 검색하고, 상단의 '뉴스'를 클릭한 뒤 오른쪽의 '최신순'으로 정렬하면 관련 기사가 검색됩니다. 예를 들어 오물 풍선 관련 기사라면 '오물 풍선'이라는 키워드로 검색하는 거죠. 검색된 기사들을 최신순으로 몇 편 골라 읽다 보면 금방 여러 배경지식을 얻을 수 있습니다. 다만 어른 신문 기사가 검색되기 때문에 내용이 어려울 수 있어요. 유용한 팁을 하나 소개하자면 챗GPT에 그 글을 입력한 다음 쉽게 풀어달라고 해보세요. 그러면 초등학생도 이해할 수 있는 글로 바꿔줘서 어느 정도 파악할 수 있습니다.

눈치챘을 수도 있지만 이 방법은 제가 이 책 초반에 말한 '초등 단어력 향상 전략' 중 하나입니다. 글이 어렵거나 배경지식이 더 필요하다고 느낄 때는 이런 방법도 활용할 줄 알아야 합니다. 처음에는 곁에서 도와주되, 나중에는 아이 혼자 해볼 수 있는 방법을 알려주세요.

📖 책 읽기로 확장하기

기사 이해를 위해 배경지식을 넓히는 방법으로 기사를 검색해 보는 방법을 설명했는데요. 좀 더 정돈된 내용을 원한다면 책 읽기로 확장해 볼 수 있습니다. 예를 들어 '환경 난민'에 대한 기사를 읽었다면 같은 키워드로 책을 찾아보는 것이죠. '환경 난민'으로 온라인 서점에서 검색해 보면 『이제 전쟁 난민보다 환경 난민이 많대요』(장성익 지음)와 같은 환경 도서, 『인권도 난민도 평화도 환경도 NGO가 달려가 해결해 줄게』(이혜영 지음)와 같은 사회 도서를 찾을 수 있습니다. 기사를 읽고 관심이 생긴 상태라면 관련 도서를 훨씬 흥미롭게 읽을 수 있을 겁니다.

저는 이 방법을 반대로도 활용합니다. 아이들과 읽고 싶은 책이나 추천도서를 고를 때 책 내용과 관련된 최근 기사를 찾아 읽어보는 것이죠. 최근 이슈라서 아이들은 대체로 관심을 보이고, 그 후 책을 읽으면서 이해도를 높여갑니다. 이는 책 읽기 영역을 확장하는 방법이면서 기사를 더 잘 이해하는 능력, 즉 기사 읽기 지능을 높이는 방법이라 일석이조의 효과를 거둘 수 있습니다.

📓 주요 내용 생각하며 읽기

기사는 짧은 글이지만 사건을 제대로 전하는 것이 목적이라 중요한 내용이 오밀조밀하게 담겨 있습니다. 짧은 글이라 문장 밀도가 높아 대충 읽으면 이해하기 어려운 매체이지만 한 문장 한 문장이 모두 중요한 의미나 내용을 담고 있다는 것이죠. 그래서 이해가 안 되거나 조금 어렵게 느껴지는 기사일수록 천천히 읽기를 권합니다.

다만 아이들은 천천히 읽으라는 말의 의미를 잘 모릅니다. 따라서 천천히 읽을 수밖에 없는 구체적인 방법을 알려줘야 합니다. 그중 하나가 특정 내용을 '찾아보게' 하는 것인데요. 예를 들면 다음과 같습니다.

사람과 사건에 관한 기사

- 누가 등장하는 기사인가? (어떤 사건이 있었는가?)

- 어떤 일이 있었는가?

- 왜 일어난 일인가?

- 그 사건의 결과는 어떠한가?

새로운 정책이나 바뀐 정책을 이야기하는 기사

- 어떤 정책이 새로 시행되거나 바뀌었는가?

- 이전과 무엇이 달라졌는가?

- 새로 시행되거나 바꾼 이유는 무엇인가?

- 시민과 전문가들의 의견은 어떠한가?

상황이나 현상을 소개하는 기사

- 어떤 현상이나 상황을 소개하는가?

- 누가 조사한 (어디에서 발표한) 내용인가?

- 시민과 전문가들의 의견은 어떠한가?

정보를 소개하는 기사

- 어떤 정보를 소개하고 있는가?
- 가장 핵심적인 내용은 무엇인가?
- 누구에게 도움이 될 정보인가?

기사가 다루는 내용에 따라 이런 점들을 떠올리며 읽으면 읽기 지능이 향상됩니다. 기사의 목적에 맞게 읽으면서 동시에 스스로 생각해 보게 하는 질문이니까요. 따라서 이 방법을 적극적으로 활용해 보기 바랍니다.

📓 추론하며 읽기

읽기 지능 향상에서 중요한 것이 추론이라는 점을 앞서 강조했는데요. 기사를 읽을 때도 당연히 추론이 필요합니다. 기사는 눈에 보이는 사건이나 현상을 다루지만 '기사가 궁극적으로 말하고자하는 것'은 읽는 사람이 스스로 파악해야 하기 때문입니다. '결국

이 기사가 말하고자 하는 것은 무엇일까?'라는 질문으로 아이가 스스로 생각하게 해주세요. 기사의 표면적 내용을 이해하면서 통찰할 수 있는 능력도 필요하기 때문에 처음부터 조리 있게 말하기는 쉽지 않습니다. 하지만 반복하다 보면 조금씩 익숙해질 것입니다.

📓 세 문장으로 요약하기

기사를 읽고 요약할 줄 아는 것은 읽기 지능 향상의 마지막 단계입니다. 요약은 기사를 완전히 이해해야만 가능하니까요. 요약하려면 앞서 말한 대로 기사마다 주요 내용을 추려낼 수 있어야 합니다. 이를 바탕으로 세 문장으로 요약하기는 다음과 같은 구조로 시도해 볼 수 있습니다.

- 이 기사는 ~대한 기사다.
- ~하다는 내용이 가장 핵심이다.
- 이에 대해 ~라고 말하고(내다보고) 있다. (시민, 전문가의 반응 또는 전망)

📓 기사 주제로 의견 말하기

기사에는 사회 현상이나 사건, 이슈가 담겨 있어서 읽다 보면 자연스럽게 내용에 대해 의견이 생깁니다. 예를 들어 '비대면 진료가 늘고 있다'는 기사를 읽었다면 '비대면 진료'에 대한 자신의 의견을 말해보는 것이죠.

의견을 말할 때는 근거가 꼭 따라붙어야 하므로 왜 그렇게 생각하는지도 물어봐 주세요. 아이들도 나름대로 자신의 의견을 말할 수 있습니다. 이 과정에서 기사를 다시 꼼꼼히 읽게 되고요. 또한 기사에서 해당 이슈에 관해 시민이나 전문가의 엇갈린 반응이 나온다면 그에 대해 자연스럽게 동의하거나 비판하면서 논리력도 키울 수 있습니다.

지금까지 읽기 지능을 높일 수 있는 일곱 가지 신문 읽기 방법을 소개했습니다. 하나씩 차근차근 실천해 보기 바랍니다. 어린이 신문으로 이 같은 활동을 해본 후에는 다음에 소개한 추천도서도 참고해 보세요.

읽기 지능을 높이는 신문 읽기 추천도서

• **저학년(1~2학년)**

초등 신문 읽기 1~3권 | 양춘미 | 서사원주니어

• **중학년(3~4학년)**

기자와 함께 하는 30일 신문 읽기 챌린지 | 선정수 | 파란정원

하루 10분 초등 신문 | 오현선 | 서사원주니어

• **고학년(5~6학년)**

초등신문 활용정점 1~5권 | 박혜민 | 세번째행성

학습 효과를 극대화하는 교과서 읽기

교과서가 기본이라는 말을 누구나 한 번쯤 들어보았을 거예요. 또한 '교과서가 기본인데 아이들은 읽지 않는다'며 탓하는 소리도 종종 듣습니다. 실제로 아이들은 교과서를 잘 읽지 않는데요. 그 이유가 무엇일까요?

가장 큰 이유는 교과서가 아이들이 스스로 읽을 수 있게 구성되어 있지 않다는 점입니다. 교수자와 학습자가 함께한다는 전제로 구성되어 있는 것이죠. 다시 말해 학교 수업 시간에 선생님과 함께 읽어가는 것이 주목적입니다. '알아봅시다' '탐구해 봅시다'와 같은 문구가 자주 등장하는 것만 봐도 알 수 있어요. 따라서 아이들이 혼자 교과서를 펼치고 탐구하며 읽기는 어렵습니다.

또한 교과서는 요약본 같은 느낌입니다. 예를 들어 초등학교 5학년 2학기 사회 교과서는 한국사를 다룹니다. 방대한 한국사를 한 학기에 담다 보니 내용이 매우 압축적입니다. 다른 과목도 자세히 서술하기보다 간단히 설명하는 식으로 넘어갑니다. 이런 간결한 내용을 잘 이해하려면 관련 지식을 많이 갖추고 있어야 합니다.

일부 전문가는 교과서 읽기를 지도할 때 목차, 학습 목표 등 교과서의 구성 요소를 읽으라고 합니다. 그런데 이런 방식은 자기 주도학습에 능숙한 아이들에게나 가능해요. 보통의 초등학생에게는 쉽지 않죠. 교과서는 아이 혼자 읽기에 적합하지 않으므로 주요 내용이 담긴 텍스트를 중심으로 보도록 하는 것이 더 좋습니다.

제가 강조하고 싶은 것은 교과서가 기본이라며 무조건 읽으라고 하지 말고 다양한 읽기 방법을 활용해야 한다는 점입니다. 이러한 접근이 교과서를 더 효과적으로 이해할 수 있는 현실적인 방법입니다. 지금부터 구체적인 방법들을 하나씩 소개하겠습니다.

📖 소리 내어 읽기

소리를 내어 읽는 것에는 '낭독'과 '음독' 두 종류가 있습니다. 먼저 낭독은 주로 좋은 글을 소리 내어 읽으며 감상할 때 사용합니다. 다시 말해 이해 목적보다는 좋은 문장과 단어들을 음미하는 목적으로 소리 내어 읽는 게 낭독이죠. 교과서에 실리는 글 중에서는 '시'와 '문학' 작품이 낭독하기에 좋은 텍스트입니다.

반면에 음독은 글의 내용을 더 잘 이해하기 위해서 읽는 것을 말합니다. 뒤에서 구체적으로 소개하겠지만 사회 교과서와 과학 교과서처럼 잘 모르는 내용을 읽을 때는 음독이 좋습니다. 교과서를 왼쪽 페이지 상단부터 오른쪽 페이지 하단까지 쭉 읽어나가면 됩니다.

음독을 하면 글자와 단어를 하나하나 인지하고 문장 구성을 더 명확히 파악할 수 있어서 소리 내지 않고 읽는 묵독보다 이해가 잘 됩니다. 처음에는 머릿속에 잘 안 들어오더라도 소리 내어 반복해서 읽다 보면 이해하게 될 가능성이 높아지지요. 또한 음독을 할 때는 어려운 내용을 더 명확히 인지하게 되어서 '이해하려는 노력'을 하게 유도하는 식으로 읽기 지능 향상에 도움을 줍니다.

📖 나만의 표기법으로 읽기

소리 내어 읽었다면 이제 손으로 읽을 차례입니다. 제가 PART 1에서 읽기 지능을 소개하며 '낯설고 어려운 글도 당황하지 않고 읽고 이해하려는 능력'이라고 말했는데요. 글을 잘 이해하려고 노력하는 사람의 특징 중 하나가 바로 손을 사용한다는 것입니다. 다시 말해 펜을 들고 어떤 행동을 합니다.

한 문단에는 보통 한 가지 주요 개념이 담겨 있습니다. 가장 주요한 개념을 나타내는 단어에 동그라미를 하고 핵심 문장에 밑줄을 긋거나 형광펜으로 표시하게 해주세요. 아이들은 해당 부분을 찾으려고 교과서를 여러 번 집중해서 읽을 겁니다.

📖 포스트잇 읽기

이번에는 포스트잇 읽기를 해보겠습니다. 글을 잘 읽고 이해하려면 자기만의 방식으로 정리해야 합니다. 내용을 그대로 베껴 쓰는 게 아니라 자신의 언어로 풀어서 써야 하죠. 다만 공책을 사용하면 부담스러울 수 있으니 작은 포스트잇에 메모하게 하세요. 해당

내용 바로 아래에 포스트잇을 붙이고 자신의 말로 풀어 쓰게 하면
됩니다. 자기 말로 표현하려면 내용을 꼼꼼히 읽어봐야 하므로 읽
기 지능에 도움이 됩니다.

📓 나만의 교과서 만들기

그다음으로 나만의 교과서를 만들어 보세요. 보통 교과서는 학기
나 학년을 마치면 버리게 되는데, 이때 아이가 정리한 포스트잇까
지 버려지고 맙니다. 너무 아까운 일이죠. 따라서 한 학기가 끝나
면 포스트잇을 모두 떼어내어 단원별로 정리해서 나만의 노트에
붙이게 해주세요. 이렇게 하면 다시 쓸 필요 없는 나만의 노트가
완성됩니다.

　보통 초등학교 때 배우는 사회와 과학 과목의 내용은 이해 못
할 정도로 어렵지 않습니다. 그래서 메모한 내용을 소홀히 하기
쉽지만 초등 3학년부터 차곡차곡 모으면 중고등학교 때도 도움이
될 거예요. 교과 과정은 이전 학년 내용을 잘 이해했다는 전제로
확장되므로 각 학년의 내용을 숙지하는 것이 중요합니다. 복습할
때 '나만의 교과서 노트'가 매우 유용할 거예요.

📕 질문 만들기

읽기 지능이 높은 사람은 글을 잘 이해할 뿐 아니라 글에 나타나지 않은 내용에 대해서도 질문을 합니다. 특히 사회·과학 교과서처럼 지식 위주의 글을 읽으면 자연스럽게 궁금한 점이 생겨 질문할 수밖에 없습니다. 이 궁금증을 앞서 만든 나만의 교과서에 기록하게 해주세요. 당장 답을 찾지 못하더라도 나중에 상위 학년 교과서를 공부하면서 그에 대한 해답을 아이가 발견할 수 있습니다.

📕 문제 만들기

많은 학생이 학과목 공부를 할 때 문제집을 사서 바로 문제를 풀기 시작합니다. 심지어 문제집에 실린 지문이나 학습 내용을 읽지 않고 문제부터 풀기도 하죠. 이런 습관을 개선하고자 앞서 포스트잇에 정리해 보라고 했던 겁니다. 이번에는 아이 스스로 문제를 만들어 보게 해주세요. 이는 지식을 알고 나서 더 궁금한 점을 정리하는 '질문 만들게 하기'와는 다른 개념입니다. 아이가 정리한 내용 안에서 답이 나오는 '문제'를 만드는 것이죠. 문제를 만드는 일은 생각보다 어려우며 글을 완전히 이해해야만 가능합니다. 다음 예시를 살펴볼까요?

태양계는 태양을 중심으로 도는 여러 행성과 다른 천체들이 모여 있는 큰 공간이에요. 태양은 태양계의 중심에 있고, 그 주위로 금성, 지구, 화성, 목성, 토성 등 여러 행성이 돌고 있어요. 그 외에도 소행성, 혜성, 먼지, 얼음 등도 태양계에 포함돼요.

이것이 아이가 포스트잇에 정리한 내용이라면 이 내용을 토대로 문제를 만들어 보는 겁니다. 문제는 단답형이나 서술형으로 만들 수 있으며 답이 나오는 게 중요합니다. 이 예시를 적용한다면 다음과 같은 문제를 만들 수 있겠죠?

1. 태양을 중심으로 도는 여러 행성과 다른 천체들이 모여 있는 큰 공간을 무엇이라고 하나요?
2. 태양계에 속한 행성을 써보세요.

📓 학습 일기 쓰기

마지막으로 학습 일기를 작성하게 해보세요. 지금까지는 교과서 내용을 충실히 정리하는 쪽이었다면 이번에는 그 내용을 자신이 이해한 수준으로 재구성해 보는 것입니다. 우선 학습 일기 구성은 다음과 같습니다.

> 배운 내용 → 새로 알게 된 내용 → 이해가 잘 안 된 내용 → 어려웠던 내용 → 학습 소감

배운 내용을 되새기며 교과서 내용을 정리하다 보면 더 깊이 이해하게 됩니다. 새로 알게 된 내용을 정리하고, 그중 이해가 안 된 부분을 파악하면서 메타인지를 키울 수도 있고요. 또한 어려웠던 내용은 글로 다시 써보면서 점점 이해해 갈 수 있습니다. 이후 가장 중요한 학습 소감을 쓰며 마무리하면 됩니다.

국어 교과서 읽기,
어떻게 도울까?

우선 초등 교과서는 1~2학년의 경우 국어, 수학, 통합교과, 안전한 생활로 구성되어 있습니다. 3~6학년은 국어, 수학, 사회, 과학, 도덕, 음악, 미술, 체육, 영어로 구성되어 있어요. 모든 교과목이 읽기 지능을 바탕으로 하지만 특히 국어, 사회, 과학 과목은 풍부한 읽기 자료로 학습이 이루어집니다. 따라서 이 세 가지 과목을 중심으로 교과서 읽는 방법을 자세히 소개하겠습니다. 먼저 국어 교과서부터 설명할게요.

📖 국어 교과서 이해는 일상의 언어 교육부터

국어 교과는 도구 교과입니다. 다른 과목을 잘 이해하게 돕는 과목이란 뜻이죠. 자세히 말하자면 듣기, 말하기, 읽기, 쓰기를 배울 수 있도록 차근차근 구성되어 있어 우리말 실력을 키워주는 과목입니다. 그런데 모든 책이 그렇듯 교과서도 결국 형식적 학습을 위한 도구입니다. 즉 듣기, 말하기, 읽기, 쓰기를 일상의 말과 글보다는 읽기 자료나 구체적 지도 방법으로 도와줍니다.

알다시피 국어 능력은 비형식적 일상생활에서 근본적으로 키워집니다. 부모의 언어 교육에 대한 인식과 가정의 언어 환경이 그 시작점이죠. 엄마 뱃속에서 귀가 트이는 순간부터 듣기가 시작되어, 태어나서는 어른들의 말을 듣다가 스스로 말을 하게 되고, 어른이 읽어주는 책을 귀로 들으며 국어 능력의 기반이 마련됩니다. 이런 기초가 탄탄해야 공식적 문해 활동을 시작하는 초등학생 때 교과서로 형식적 지도를 받아도 효과가 있습니다.

이런 당연한 이야기를 하는 이유는 근래에 이 중요한 부분이 무너지고 있기 때문입니다. 요즘 아이들은 너무 어릴 때부터 미디어에 노출되면서 언어 소통 능력을 제대로 배우지 못합니다. 미디어는 일방적으로 메시지를 전달하는 형태라서 언어 능력은커녕 오히려 아이의 뇌 발달을 저해합니다. 또한 지나친 미디어 시청은 어른과의 언어 상호작용 시간을 줄여 악순환을 만듭니다.

더 큰 문제는 이런 비형식적인 언어 교육의 중요성을 놓치고 많은 부모가 아이가 초등학생이 되기 전에 너무 일찍 학습지를 시작한다는 것입니다. 수많은 문제집과 홍보 문구들을 보고 있으면 마음이 조급해져서 아이의 손에 연필을 쥐어주고 책상에 앉아 학습지를 풀게 해야 한다는 마음이 들 수도 있습니다. 하지만 초등학교 입학 전이나 한글을 습득하기 전까지는 이러한 형식적 국어 교육은 최대한 지양하는 것이 좋습니다.

📖 국어 교과서에 수록된 작품 읽기

다음은 국어 교과서에 수록된 작품 읽기입니다. 국어 교과서는 학습 목표를 위해 시중 단행본의 일부를 가져다 싣습니다. 전체 내용을 아는 어린이와 교과서에 실린 부분만 읽은 어린이의 이해도가 다른 것은 당연합니다.

하지만 교과서 수록 작품을 단순히 교과서를 이해하는 데 필요하니 읽혀야 한다고 생각하면 안 됩니다. 교과서에 일부만 실려 있어 오해받기 쉬운 작품을 읽는 것이라고 생각하는 쪽이 더 맞습니다. 또한 예습 개념으로 방학 때 다음 학기 국어 교과서에 수록된 작품을 서둘러 읽히려는 학부모도 있는데요. 꼭 그럴 필요는 없습니다. 교과서로 접하고 나서 읽으면 원작을 더 잘 이해하는 경우도 있으니 상황에 맞게 읽히면 됩니다.

국어 교과서 수록 작품 목록은 교과서 맨 뒷면에 친절히 나와 있습니다. 굳이 정보를 찾아다닐 필요 없이 교과서만 확인하면 되죠. 다만 국어 교과서에 실렸다고 해도 모든 수록 작품이 어린이의 읽기 수준에 맞지는 않으므로 읽기 어려운 책은 넘어가도 좋습니다. 따라서 새 학기마다 온라인 서점에서 판매하는 '교과서 수록 도서 세트'를 굳이 구매할 필요는 없습니다.

📖 가정에서의 간단한 쓰기 교육

국어 교과는 언어 교육을 위한 과목이니 쓰기 활동도 다른 과목과 다릅니다. 1~2학년은 아주 간단한 단어나 문장 쓰기, 3~4학년은 문단 쓰기와 의견·마음 쓰기, 5~6학년은 다양한 유형의 글쓰기를 합니다. 교과 구성은 체계적이지만 교과서에 나온 쓰기 활동만으로는 부족합니다. 많이 써볼수록 글쓰기 실력이 성장하므로 가정에서도 신경 써줘야 해요. 이를 위한 학년별 로드맵은 다음과 같습니다.

초등 저학년(1~2학년)

아이와 관련된 재미있는 주제로 자유롭게 글쓰기를 하게 해주세요. 일단은 재미있게 글을 써보며 글이 술술 나오는 경험을 해보는 게 중요합니다. 가장 쉬운 주제는 '나'를 중심으로 한 주제입니다. '내가 좋아하는 것, 내 가족 소개, 내가 잘하는 것' 등을 시작으로 점점 세분화해 보세요. 예를 들어 내가 좋아하는 것도 '좋아하는 과목' ' 좋아하는 사람' '좋아하는 계절' 등으로 세분화할 수 있습니다. 내가 잘하는 것 또한 세분화해서 '책 잘 읽는 법' '줄넘기 많이 넘는 법' 등 자신의 특기를 하나씩 떠올리게 하면 다양한 글쓰기 주제가 나오지요.

초등 중학년(3~4학년)

이 시기에는 문단의 개념을 인식하며 쓰기, 2문단 이상 써보기, 갈래글 쓰기를 경험하면 좋습니다. 설명글, 주장글, 생활글, 상상글 등의 갈래글 쓰기는 1~2학년 때 자유로운 글쓰기를 하다 보면 자연스럽게 익히게 되는데요. 3~4학년 때는 좀 더 뚜렷하게 갈래글을 경험하게 해주면 됩니다. 어린이가 좋아하는 소재로 확장하면 쉽습니다. 예를 들어 '짜장면'을 좋아한다면 '짜장면 맛있게 먹는 법(설명글)' '짜장면은 단무지와 먹어야 한다(주장글)' '가장 맛있게 먹은 짜장면 이야기(생활글)' '내가 만드는 세상에 하나뿐인 짜장면(상상글)' 이렇게 네 가지 갈래글을 쉽게 써볼 수 있습니다.

초등 고학년(5~6학년)

5~6학년 때는 자료를 활용한 글쓰기를 경험해야 합니다. 1~4학년까지는 자신의 배경지식과 경험 안에서 소재를 골라 써도 되지만 이제는 사고 확장을 위해 외부 소재도 필요하죠. 대표적인 자료 활용 글쓰기는 독후감입니다. 책을 매개로 자신의 생각을 펼치는 글쓰기죠. 물론 1학년부터 가능하지만 5~6학년 때 좀 더 본격적으로 다루면 좋습니다. 신문 일기도 좋습니다. 신문 기사를 읽고 의견을 덧붙여 글을 써보는 것인데, '기사 내용 정리 - 기사의 핵심 내용 - 나의 의견' 형식으로 작성하면 됩니다.

국어 교과서를 읽는 법을 소개하다 쓰기까지 나와 당황했나요? 사실 쓰기는 또 다른 형태의 읽기 교육입니다. 글쓰기는 적절한 어휘를 떠올려 문장을 구성하는 일이니까요. 읽기 지능을 키워야 쓰기 활동을 할 수 있고, 또 쓰기를 하다 보면 글에 대한 감각이 생겨 무엇이든 더 잘 읽게 됩니다. 따라서 국어 교과서 읽기를 지도할 때는 글쓰기도 중점에 두고 앞서 소개한 방법들을 꼭 참고해 보세요.

사회·과학 교과서 읽기,
어떻게 도울까?

초등 교과서는 그 자체를 읽는 법보다는 교과서에서 다루는 내용을 이해하게 하는 간접적인 방법이 더 효율적입니다. 그래서 지금까지 이를 위한 방법을 소개했는데요. 이번에는 그러한 기초를 마련했다고 전제하고 교과서 안의 텍스트 읽는 법을 안내하려고 합니다. 사회와 과학은 분야는 다르지만 '비문학 텍스트'라는 공통점이 있기 때문에 어렵게 생각할 필요 없이 같은 방식으로 접근하면 됩니다. 또한 비문학 글이므로 PART 2 '비문학 글, 어떻게 읽을까?'(79쪽)의 내용도 그대로 적용됩니다. 그 내용을 먼저 잘 기억하고 이번 내용을 살펴봐 주세요.

📖 사회·과학 교과서는 개념어부터

사회와 과학은 초등 3학년부터 등장하는데요. 어린이들이 대체로 어려워합니다. 그도 그럴 것이 갑자기 많은 개념어(추상적인 생각을 나타내는 말)가 등장하기 때문입니다.

예를 들어 초등학교 사회 교과서는 지리 영역, 일반사회 영역, 역사 영역으로 나뉘며 사회의 구성 요소를 학문적으로 정리한 내용을 다룹니다. 그러다 보니 아이들의 실제 삶과는 동떨어져 있어 어렵게 느낄 수밖에 없습니다. 대표적으로 3학년 사회 교과서에는 현재 잘 사용하지 않는 '고장'(마을을 뜻함)과 같은 단어가 등장합니다. 5학년 사회 교과서에서는 법과 정치를 다루는데 이 역시 대부분 개념어로 이루어져 있어 아이들이 이해하기가 쉽지 않습니다.

과학 교과서도 마찬가지입니다. 과학 교과서에서 다루는 영역은 크게 물리, 화학, 생명과학, 지구과학인데요. 예를 들어 아이들에게 비교적 친숙한 '식물' 단원에서도 '한해살이' '여러해살이' '광합성' 같은 낯선 단어가 많이 등장합니다. 물리 관련 단원에 나오는 중력이나 마찰력, 또 지구과학이나 화학 관련 단원에 나오는 태양계, 자전, 공전, 연소, 소화 등의 단어도 많은 아이가 어려워하죠.

결국 사회 교과서와 과학 교과서에 등장하는 글은 비문학 지문과 같다고 볼 수 있습니다. 비문학 지문을 이해하기 위해서는 글에서 다루는 개념어를 이해하는 것이 가장 중요합니다. 따라서 사회·과학 교과서를 읽기 전에 교과서에 등장하는 개념어를 먼저 공부하게 해주세요. 이러한 학습을 위해 사용되는 어휘를 '학습도구어'라고 하는데요. 학습도구어는 따로 공부하며 익혀야 하므로 특히 신경 써줘야 합니다.

다음은 3~6학년 사회 교과서와 과학 교과서에 자주 등장하는 개념어입니다. 다음 표들을 자주 들여다보며 뜻을 알려주세요. 또한 어른의 말을 따라 아이가 자연스럽게 습득할 수 있으니 조금 낯설더라도 일상에서 개념어를 적극적으로 사용하면 아이에게 많은 도움이 될 것입니다.

주요 사회 개념어

지리	위도	경도	대륙	해양	기후
자연 환경	인문 환경	기후 변화	환경 보호	산맥	하천
평야	섬	대기 오염	시장	자원	생산
소비	분배	수출	수입	가격	노동
공장	기업	소득	금융	물가	경제 성장
공동체	인권	복지	평등	자유	법
민주주의	참여	규칙	책임	협력	봉사
다문화	시민	협동	갈등	협상	자연 재해
지구 온난화	탄소 배출	재활용	생태계	환경 오염	지속 가능성
친환경	오염	청정에너지	외교	국제 사회	연대
국가 간 협력	지구촌 갈등	세계화	세계 시민	국제기구	무역
이주민	과학 기술	정보화 사회	디지털	인터넷	인공지능
스마트 기술	통신	혁명	혁신	발명	사회 변화

주요 과학 개념어

세포	유전자	진화	생명	생태계	광합성
동물	식물	미생물	인체	호흡	순환계

소화	면역	유전	발생	생리적 기능	힘
운동	속도	가속도	에너지	마찰	중력
전기	자석	전류	회로	전자	열
온도	압력	빛	소리	파동	지구
대기	기후	날씨	태양	자전	공전
계절	지진	화산	바람	구름	비
눈	온실 효과	대기 오염	지구 온난화	풍속	풍향
물질	원자	원소	분자	이온	반응
산성	염기성	용해	증발	응결	혼합물
화합물	화학 변화	연소	산화	측정	분석
예측	가설	변수	실험 도구	실험	관찰

📖 교과 연계 도서 읽기

다음으로는 사회·과학 과목의 연계 도서를 읽는 것을 추천합니다. 앞서 교과서는 요약본과 같아서 아이 혼자 읽기에 적당하지 않다고 설명했는데요. 어린이 대상의 일반 단행본은 다릅니다. 책은 기본적으로 독자가 주도적으로 읽게 구성되어 있습니다. 또한 교과서는 개념을 있는 그대로 설명하지만 일반 단행본은 어린이 독자를 고려해 쉽고 재미있게 설명해 주는 경우가 많습니다. 예를 들어 '물체'를 설명할 때 '구체적인 형태를 가지고 있는 것'이라는 사전적 정의만 다루지 않고 다양한 캐릭터와 재미있는 스토리를 통해 의미를 풀이합니다.

다만 주의할 점이 하나 있는데요. 사회·과학 연계 도서는 당연히 비문학 도서입니다. 다시 말해 이와 같은 책들을 꾸준히 읽어오며 배경지식을 쌓지 않았다면 자기 학년 수준의 도서라도 읽기가 쉽지 않습니다. 따라서 아이가 연계 도서를 읽는 것을 어려워한다면 아이 학년보다 1~2학년 낮추어 읽게 해도 좋습니다. 다음 추천도서 목록을 참고해 보세요.

학년별 사회 교과 연계 추천도서

• 3학년

방방곡곡 우리나라 지리 대장 나강산이 간다! | 석수점 | 가나출판사

우리 동네 생생 마트 | 최형미 | 킨더주니어

이선비, 한양에 가다 | 세계로 | 미래앤아이세움

• 4학년

명섭이의 슬기로운 사회생활 | 박신식 | 삼성당

민주의 슬기로운 정치생활 | 박신식 | 삼성당

편의점에서 경제도 파나요? | 정연숙 | 책읽는곰

• 5학년

어린이를 위한 신도 버린 사람들 | 나렌드라 자다브 | 주니어김영사

우리 역사에 숨어 있는 인권 존중의 씨앗 | 김영주, 김은영 | 북멘토

한권으로 뚝딱 누구나 쉽게 읽는 역사이야기 | 권혁운 | 가온누리

• 6학년

내일을 바꾸는 사회 참여 | 강로사 | 개암나무

알면 알수록 놀라운 한국 경제의 역사 | 석혜원 | 아이앤북

우리 모두가 주인이에요! | 문미영 | 크레용하우스

학년별 과학 교과 연계 추천도서

• 3학년

고체 액체 기체가 뭐래? | 윤병무 | 국수

동물이랑 식물이 같다고요?! | 노정임 | 현암사

자석이 뭐야? | 김재혁 | 크레용하우스

• **4학년**

과학은 쉽다! 5: 지진과 화산 | 최영준 | 비룡소

식물은 떡잎부터 다르다고요?! | 노정임 | 현암사

용선생의 시끌벅적 과학교실 32: 혼합물의 분리 | 윤용석 | 사회평론

• **5학년**

온도와 상태를 변화시키는 열 | 정완상 | 이치

용선생의 시끌벅적 과학교실 8: 산과 염기 | 우현승 외 | 사회평론

태양계, 어디까지 알고 있니? | 서지원 | 풀과바람

• **6학년**

똑똑한 우리 몸 설명서 | 황근기 | 살림어린이

용선생의 시끌벅적 과학교실 3: 지구와 달 | 사회평론 과학교육연구소 | 사회평론

파브르 식물 이야기 1~2권 | 장 앙리 파브르 | 사계절

지금까지 사회·과학 교과서의 특징부터 교과서 읽기를 돕는 법, 그리고 연계 도서까지 안내했습니다. 매일 해야 할 일이 많아 바쁘고 힘든 아이들이 교과서까지 이렇듯 전략적으로 읽어야 하는지 의문이 들 수도 있어요. 하지만 앞서 말한 대로 이 방식이 다짜고짜 문제집을 푸는 것보다 학습 효과가 훨씬 좋습니다.

무엇보다 사회·과학 교과서는 그 자체가 비문학 작품입니다. 따라서 단순한 교과서 읽기가 아닌 또 하나의 비문학 글을 만나는 기회라고 생각해 보세요. 이러한 관점으로 접근하면 아이가 더욱 의미 있게 교과서를 읽어나갈 수 있을 것입니다.

종이 국어사전도 '읽어야' 할까?

많은 사람이 국어사전이라 하면 책을 읽거나 공부하다가 모르는 단어가 나왔을 때 찾아보는 용도라고 생각합니다. 물론 당연한 생각입니다. 국어사전은 우리말의 단어와 그 의미를 설명해 주는 책으로 단어의 정의, 발음, 품사, 활용 방법, 어원 등을 알려주어 언어를 이해하고 사용하는 데 도움이 됩니다.

아이가 책을 읽다가 모르는 단어를 물어보면 많은 어른이 국어사전에서 찾아보라고 합니다. 하지만 책을 읽다가 모르는 단어

를 국어사전에서 찾아보고 이해한 다음 다시 책을 읽어가는 아이
는 거의 없습니다. 책을 읽을 때 모르는 단어를 만난다고 해도 전
체적인 줄거리를 이해하는 데는 큰 문제가 없기 때문에 읽기의 흐
름을 끊고 싶지 않은 것입니다. 즉 무슨 뜻인지 궁금하긴 하지만
찾아볼 정도는 아니기에 주변에 있는 어른에게 묻는 것이죠.

더구나 국어사전에서 단어의 뜻을 찾아보면 그 설명이 더 어
려울 때도 있습니다. 초등학생용 국어사전이라도 뜻풀이가 어려
운 경우가 적지 않아 아이가 이해하기 쉽지 않습니다. 그래서 책
을 읽다가 단어 뜻을 묻는 아이에게는 예문이 풍부한 온라인 사전
에서 검색해 보게 하거나 어른이 쉽게 풀어 설명해 주는 것이 더
나을 수 있습니다.

📖 매체로서의 국어사전 읽기

여기서는 책을 읽다가 찾아보는 용도가 아닌, PART 4에서 다루는
다른 매체들처럼 국어사전도 하나의 독립된 매체로 보고 활용하
는 법을 소개하겠습니다. 물론 다양한 국어사전 활용법을 익힌다
면 아이가 국어사전을 더 친숙하게 여기며 나중에 책을 읽거나 공

부할 때 모르는 단어를 찾아볼 가능성이 높아질 것입니다.

국어사전을 '읽을거리'의 관점에서 설명하자면, 앞서 언급했듯이 국어사전은 우리말에 대한 이해력을 높여주는 매체입니다. 단어 자체를 학습할 수 있게 돕는 매체이기도 하고요. 단어는 크게 일상적인 표현력을 높여주는 일상 단어와 학습에 필요한 학습 단어로 구분됩니다. 그런데 시중에 있는 초등 국어사전에는 이 두 가지 모두 실려 있어서 백과사전의 성격도 지닙니다. 즉 국어사전은 읽기 지능의 한 요소인 단어력뿐만 아니라 학습을 심화하는 데도 도움이 됩니다.

시중에서 쉽게 구할 수 있는 초등 국어사전은 다음과 같습니다. 각 국어사전의 특징을 간단히 설명해 보겠습니다.

1. 보리 국어사전(보리)

2008년에 처음 출간된 이후 지속적으로 개정판이 나오고 있습니다. 초등학교 전 학년 교과서의 단어들을 담았으며 표준국어대사전을 기준으로 뜻을 실었습니다. 이 사전의 가장 큰 특징은 세밀화로, 단어 뜻을 이해하는 데 도움이 되는 세밀화가 무려 3,500점이나 실려 있습니다. 그러다 보니 쪽수가 1,600쪽에 달해서 무게감이 있지만 단어 뜻은 비교적 쉽게 풀이되어 있지요.

2. 동아 연세 초등국어사전(동아출판)

이 사전은 초등학교 교육과정에 수록된 낱말과 '초등 국어 말뭉치'에서 선별한 약 4만 개의 낱말이 실려 있습니다. 초등 교과에 수록된 것을 중심으로 낱말과 관련된 관용 표현과 속담을 실었으며, 부록에는 헷갈리기 쉬운 맞춤법과 띄어쓰기 등의 자료도 알차게 담겨 있지요. 이 사전 또한 1,496쪽으로 매우 묵직한 편입니다. 단어의 뜻은 초등학생 수준에 맞게 무난하게 풀이되어 있습니다.

3. 속뜻풀이 초등국어사전(속뜻사전교육출판사)

도서명 그대로 '속에 담긴 뜻'을 이해하는 데 중점을 둔 사전입니다. 글자와 낱말의 속뜻에 집중해 풀어냈으며 초등학교 전 학년 전 과목에 나오는 3만 개의 단어(고유어, 외래어, 한자어)를 수록했습니다. 특히 한자어는 한자를 다른 색으로 강조해 눈에 잘 띕니다. 부록에는 관용어, 속담, 사자성어가 실려 있습니다.

4. 가나 초등 국어사전(가나북스)

이 사전의 가장 큰 장점은 휴대성입니다. 다른 사전에 비해 작고 가벼워서 들고 다니기 편하죠. 무거운 사전은 꺼내 보거나 들고 다니기에 번거로워서 활용도가 떨어질 수 있는데, 이 사전은 휴대하기 좋은 크기라 실용적입니다. 이 사전도 필요에 따라 삽화를 수록해서 단어 이해를 돕고 일반 사전처럼 예문이 실려 있습니다. 부록에는 속담, 사자성어, 비슷한말, 반대말 등이 담겨 있지요.

이렇듯 시중의 국어사전마다 장단점이 있으므로 어느 하나만 고집하기보다 각 사전의 특징을 살려 활용하는 것이 좋습니다. 이어서 안내하는 '재미있는 국어사전 놀이'를 참고해서 적극적으로 활용해 보세요.

아이와 함께하는
'재미있는 국어사전 놀이'

독서 교육 강의에서 제가 자주 받는 질문 중 하나는 '국어사전을 꼭 사야 하나요?'입니다. 많은 학부모가 국어사전을 하나쯤은 갖고 있어야 할 것 같다고 생각하죠. 하지만 공동 구매로 사놓고도 방치하고 있다는 소리를 자주 듣습니다. 제 수업을 듣는 아이들도 국어사전을 거의 활용하지 않는다고 하더군요.

하지만 국어사전도 다음에 소개할 방법에 따라 지혜롭게 활용할 수 있습니다. 여기서 소개하는 방법은 책을 읽거나 공부하다 찾아보는 용도가 아닌, 국어사전 자체를 활용하는 활동입니다. 제 설명대로 실천한다면 어휘력과 글쓰기 실력을 키우는 것은 물론, 새로운 매체로서 국어사전을 제대로 활용할 수 있을 겁니다.

📖 단어 맞히기 게임

무엇과 친숙해지려면 즐거운 접근이 가장 중요합니다. 처음부터 단어를 하나하나 공부하듯 찾아보면 사전이 딱딱하게 느껴질 수 있어요. 사전을 아무 곳이나 펼쳐서 나오는 단어의 뜻을 읽고 어떤 단어인지 맞혀보는 게임을 해보세요. 어른과 아이가 서로 번갈아가며 문제를 내고 맞혀도 좋습니다. 아이들은 맞히는 것도 좋아하지만 자신이 직접 문제를 내고 상대방이 맞히는지 보는 것도 즐깁니다. 시간 날 때마다 즐겁게 해보면 도움이 될 것입니다.

📖 단어 빨리 찾기 게임

집 안이나 주변을 둘러보면서, 또는 머릿속에서 아무 단어나 떠올려 보세요. '단어 빨리 찾기 게임'은 한 사람이 단어를 말하면 각자 국어사전에서 그 단어를 가장 빨리 찾아 뜻까지 읽는 사람이 이기는 게임입니다. 이 게임은 국어사전 찾기 연습도 되고 어휘력 향상에도 좋습니다. 어휘력이란 다양한 단어를 깊이 이해하며 그 뜻을 설명할 줄 아는 능력을 말합니다. 단어의 뜻을 읽고 설명해 보는 과정에서 어휘력이 늘어나고, 모르는 단어도 새로 익힐 수 있습니다.

📓 형광펜 놀이

국어사전을 쭉 넘기며 아는 단어와 알 것 같은 단어를 형광펜으로 표시해 보는 놀이입니다. 보자마자 아는 단어를 형광펜으로 칠하면서 페이지를 넘기다 보면 상당한 성취감을 느낄 수 있습니다. 그리고 '알 것 같은 단어'는 다른 색 형광펜으로 칠하면 됩니다. 알 것 같은 단어는 뜻도 같이 읽어보며 칠하게 되기 때문에 이 활동만으로도 단어력이 향상됩니다.

또한 이 '형광펜 놀이'는 6개월 정도 간격을 두고 주기적으로 해보면 좋습니다. 6개월 후에 다시 체크해 보면 아는 단어라고 형광펜으로 칠할 수 있는 것들이 늘어나 있을 거예요. 그걸 보며 뿌듯한 마음이 든다면 더할 나위 없이 좋겠죠.

📗 고른 단어로 이야기 짓기

신용카드 크기의 빈 종이에 아무 단어나 골라 쓰게 해보세요. 그리고 그 단어들을 연결해서 짧은 이야기를 만들어 보면 됩니다. 처음에는 3개로 시작해서 5개까지 늘려가면 좋습니다. 다만 너무 쉬운 단어만 고르면 단어력 향상에 도움이 되지 않으니 '형광펜 놀이'에서 형광펜으로 칠한 단어들을 골고루 활용해 이야기를 짓게 해보세요. 이렇게 하면 어휘력과 글쓰기 실력을 동시에 키울 수 있습니다.

📓 나만의 단어 카드 만들기

앞서 종이에 쓴 단어 뒷면에는 그 뜻을 쓰게 해보세요. 국어사전에 나와 있는 뜻을 이해했다면 그걸 좀 더 쉬운 말로 풀어 써보게

하는 것이 좋습니다. 아이가 직접 단어의 뜻을 쓰면 쓰기력도 늘고 뜻을 어떻게 표현할지 고민하는 과정에서 단어를 더 정확히 인지하게 됩니다. 50개나 100개와 같이 목표를 정해두고 하루에 몇 개씩 모으다 보면 아이만의 멋진 단어 카드가 완성될 겁니다.

📓 매일 단어 일기 쓰기

국어사전을 쭉 보면서 아이가 자신의 경험과 연결할 수 있는 단어를 찾아보게 해주세요. 그리고 그 경험을 떠올려 세 줄 일기를 써보는 겁니다. 예를 들어 '누그러지다'라는 단어를 찾았다면 '흥분된 마음이 어느 정도 풀어지다'라는 뜻도 읽어보고 자신의 경험을 다음과 같이 써보면 됩니다.

아침에 누나가 나를 놀렸다. 학교 가면서 계속 기분이 나빴다. 집에 오니 누나가 떡볶이를 먹자고 했다. 화난 마음이 조금 <u>누그러졌다</u>.

사람은 단어로 사고합니다. 일기를 쓰자고 하면 할 말이 없다는 아이에게 이렇게 국어사전에서 단어를 찾아 써보자고 하면 관련된 경험이 떠오르면서 쉽게 쓸 수 있을 겁니다.

예문 하나를 더 살펴볼까요? 국어사전에서 '강풍'이라는 단어를 찾았다면 다음과 같이 글을 써볼 수 있습니다.

오늘은 눈이 많이 오고 <u>강풍</u>까지 불어서 학원을 마치고 집에 오기 힘들었다. 엄마가 아파트 입구에서 기다리고 있어서 다행히 집에 잘 도착했다.

📖 내 글의 단어 바꾸기

아이가 자신이 쓴 글에서 바꾸고 싶은 단어를 찾아 다른 단어로 교체해 보는 활동입니다. 사람들은 글을 쓸 때 보통 쉽게 떠오르는 단어를 사용합니다. 그래서 글을 더 좋게 다듬는 방법 중 하나는 국어사전에서 내가 쓴 단어의 유의어를 찾아 바꿔보는 것입니다. 만약 아이의 글에 '무조건'이라는 단어가 있다면 국어사전에서 찾은 유의어 '덮어놓고'로 바꿔보세요. 그러면 아이의 글이 좀 더 색다르게 변할 겁니다. 또한 이 활동을 몇 번 해보고 나면 아이가 글을 쓸 때부터 단어를 신중하게 고르게 될 거예요.

📓 나만의 단어 사전 만들기

나만의 단어 사전이란 아이만의 기준으로 만드는 사전을 말합니다. 작은 수첩을 준비해서 페이지마다 기준을 정해 단어를 모아보게 해보세요. 예를 들어 구체어와 추상어로 나눠서 모아도 좋습니다. 일반 국어사전처럼 가나다순으로 정리할 필요는 없습니다.

독해력이 부족한 학생들은 특히 추상어를 잘 이해하지 못합니다. 구체어는 책상, 나무, 하늘처럼 실제로 존재하거나 경험하거나 만질 수 있는 것들을 나타내는 단어입니다. 반면에 추상어는 사랑, 희망, 행복처럼 직접 만져볼 수 없는, 형태가 없는 개념이나 감정을 나타내는 단어이지요. 이 개념을 알려주면 아이들은 국어사전에서 구체어와 추상어를 구분할 수 있을 겁니다.

💡 **나만의 단어 사전 예시**

나만의 단어 사전	내가 좋아하는 말	우리 집과 관련 있는 말	써보고 싶은 말
	짜장면, 운동, 설레다, 운동장, 추억, 연휴	거실, 계획, 공간, 검소하다, 지혜	권유하다, 거룩히, 풍족하다, 탄생, 소망

또한 동물, 식물, 성격, 음식, 역사 등 다양한 주제로 단어를 모을 수도 있습니다. 기준을 정해주면 아이들은 국어사전을 이리저리 펼쳐가며 신나게 찾아볼 거예요. 더 나아가 많은 단어를 접하며 아이 스스로 기준을 만들어 볼 수도 있습니다.

📓 나만의 단어 달력 만들기

나만의 단어 사전 만들기와 비슷하면서도 좀 다른 활동인데요. 말 그대로 단어력을 높이기 위해 단어의 양을 늘리는 활동입니다. 먼저 탁상 달력을 하나 구해서 아이에게 매일 국어사전에서 마음에 드는 단어를 하나씩 찾아 달력에 써보게 해주세요. 단어와 함께 스스로 만든 문장을 적으면 더 좋습니다. 매일 1개씩만 해도 1년이면 365개의 나만의 문장이 만들어집니다. 간단하면서도 단어력을 높일 수 있는 정말 멋진 방법입니다.

지금까지 국어사전을 하나의 매체로 보고 활용하는 방법을 안내했습니다. 국어사전을 보면 단어 설명이 길게 나온 경우가 꽤 많습니다. 때로는 함께 실린 예문도 이해하기가 쉽지 않죠. 그래서 국어사전의 설명을 계속 읽다 보면 비문학 독해력을 키우는 데도 도움이 됩니다. 여기서 안내한 방법을 참고해서 꾸준히 실행해 보세요.

다양한 어린이 잡지
활용법

📖 어린이 잡지란 무엇일까?

독서를 한다고 하면 책만 떠올리기 쉽지만, 앞서 살펴보았듯이
우리 주변에는 다양한 읽을거리가 있습니다. 그중 하나가 잡지인
데요. 초등학생을 대상으로 한 어린이 잡지도 시중에 꽤 나와 있
습니다. 크게 교양 잡지, 과학 잡지, 시사 잡지로 구분할 수 있습
니다.

먼저 교양 잡지는 문화, 역사, 철학, 예술, 문학 등 폭넓은 분야를 다루며 아이들의 지적 호기심을 자극하고 다양한 읽을거리를 제공합니다. 과학 잡지는 물리학, 생명과학, 화학, 지구과학 등 다양한 과학 분야의 최근 기술이나 자연 현상을 담고 있으며, 아이들이 직접 해볼 수 있는 실험이나 생활 속 과학 이야기 같은 친근한 글도 소개합니다. 시사 잡지는 우리 주변에서 일어나는 주요 이슈들을 아이들의 눈높이에 맞춰 설명하고, 아이들의 찬반 의견을 함께 실어두기도 합니다.

이렇게 잡지마다 특성은 다르지만 어린이 잡지들은 대체로 아이들이 좋아하는 시, 연재 동화, 과학·역사 등의 비문학 글, 만화, 시사 이슈, 숨은그림찾기나 퍼즐 같은 놀이, 여러 나라의 문화와 예술 작품 소개, 그리고 독자 사연과 작품을 실은 독자 코너 등을 담고 있습니다. 잡지는 대체로 3~4학년 이상이 보기에 적합하지만 교양 잡지는 저학년도 읽을 수 있습니다. 과학 잡지도 해당 분야에 관심이 많다면 저학년 때부터 읽기도 합니다. 이어서 소개할 잡지 이름 옆에 제가 표기한 학년은 일반적인 의견이니 참고만 해주세요.

📖 어린이 잡지별 특징

본격적으로 어린이 잡지를 소개하기 전에 어린이 잡지의 장점을 말하자면, 우선 아이들이 관심을 가질 만한 다양한 콘텐츠를 담고 있습니다. 창의적인 요소가 많고 알록달록한 사진과 삽화가 함께 실려 있어 더욱 친근하게 느낄 수 있죠. 이런 다양한 텍스트를 편안하게 읽다 보면 아이들은 글에 대한 감각과 읽기 습관을 기를 수 있습니다.

연재되는 글이나 만화를 기다리는 재미는 어린이 잡지만의 특별한 매력입니다. 아이들은 어린이 잡지에서 보통 가장 좋아하는 코너부터 읽기 시작합니다. 그러다 자연스럽게 다른 페이지로 눈을 돌리죠.

쉽게 읽을 수 있으면서도 교육적이라는 점도 큰 장점입니다. 어린이 잡지는 단순한 오락거리가 아니라 다양한 주제의 유익한 글을 실어 아이들의 읽기 지능과 지적 호기심을 채웁니다. 특히 여러 저자의 글을 한 번에 접할 수 있어 매력적입니다.

마지막으로 자투리 시간에 볼 수 있다는 점도 어린이 잡지의 큰 장점입니다. 한 주제가 보통 2~4페이지로 구성되어 있어 시간이 날 때마다 조금씩 읽기에 좋지요. 분량이 많은 줄글책을 펼치기 부담스러울 때는 어린이 잡지가 좋은 대안이 될 수 있습니다.

그럼 이제 여러 가지 어린이 잡지를 자세히 소개하겠습니다.

1. 월간 개똥이네 놀이터(교양 잡지, 1~2학년 이상)

보리 출판사에서 발행하는 월간 잡지로, 사계절의 변화와 자연의 신비를 주제로 한 이야기를 담고 있습니다. 동화, 만화, 세밀화 등 다양한 콘텐츠로 아이들이 편안하게 읽을 수 있죠. 이 잡지는 아이들이 자유롭게 읽기만 해도 충분한데요. 연재 동화를 읽고 간단히 독후감을 쓰거나 자연을 담은 그림을 따라 그려보는 것도 좋은 방법입니다.

2. 고래가 그랬어(교양 잡지, 1~2학년 이상)

아이들이 스스로 생각하고 행동하며 마음껏 제 꿈을 펼치며 살아가는 것을 목표로 하는 어린이 교양 잡지입니다. 아이들이 즐길 만한 여러 이야깃거리를 소개하며, 특히 다양한 주제의 만화가 실려 있어 글 읽기에 부담을 느끼는 아이들도 쉽게 접근할 수 있습니다. 홈페이지에서 전체 내용을 볼 수 있어서 구매하기 전에 살펴보기에도 좋습니다.

3. 어린이동산 (교양 잡지, 3~4학년 이상)

1984년에 시작된 전통 있는 어린이 교양 잡지로 과학, 한국사, 문화, 경제 등 폭넓은 분야의 읽을거리가 꽤 많이 실려 있습니다. 관심 있는 주제부터 골라 읽으며 다양한 배경지식을 쌓아보기에 좋습니다.

4. 어린이 과학동아 (과학 잡지, 3~4학년 이상)

월 2회 발행되는 과학동아의 어린이 대상 잡지입니다. 과학에 관심이 있는 아이라면 좋아할 수밖에 없는 잡지인데요. 과학을 만화로 쉽게 전해주며, 만화뿐 아니라 다양한 읽을거리를 제공합니다. 또한 과학 이야기들이 어떤 교과 단원과 연계되는지 각각 표시해두어서 학습에도 도움이 됩니다.

5. 위즈키즈 (교육 시사 잡지, 3~4학년 이상)

2000년부터 발행되고 있는 초중등학생 대상의 교육 시사 잡지입니다. 경제, 영어, 최신 시사는 물론 진로, 역사, 예술, 철학까지 폭넓은 주제를 다룹니다. 요즘 아이들의 관심사를 반영한 최신 시사를 제대로 소개하며 중학생까지 대상으로 하다 보니 비교적 깊이 있는 내용을 담고 있습니다.

6. 신나는 NIE 시사원정대(시사 잡지, 5~6학년 이상)

과학, 사회, 문화, 예술 등 다양한 시사 주제들을 만날 수 있는 어린이 논술 잡지입니다. 이야기마다 어떤 교과 단원과 연계되는지 교과 연계표를 제공합니다. 다양한 글과 더불어 사서 추천도서 코너도 있습니다.

7. 독서평설 첫걸음(학습 잡지, 5세~3학년)

초등 저학년 대상의 학습 잡지로 만들기, 글쓰기, 읽기 등 다양한 활동을 제공합니다. 교과 연계 내용과 학습 관리용 다이어리, 그리고 활동북도 포함되어 있어 체계적인 문해력 학습에 도움이 됩니다.

8. 초등 독서평설(독서 논술 잡지, 3~4학년 이상)

문해력 향상을 위한 국어 관련 내용부터 과학, 역사, 경제에 이르기까지 다양한 분야의 글을 알차게 담은 초등 시사 잡지입니다. 읽은 내용을 복습할 수 있는 '초등독평 더하기'라는 학습 워크북도 함께 제공합니다.

　이렇게 주요 어린이 잡지 여덟 종을 소개했는데요. 사실 어린이 잡지는 그냥 읽기만 해도 좋습니다. 자연스럽게 읽어가는 과정에서 다양한 배경지식이 쌓이고 글에 친근감도 생기니까요. 앞서 말했듯이 몰입해서 읽는다는 것은 읽기 지능 향상에 도움을 주기 때문에 읽은 후에 하는 활동보다 일단 몰입해서 읽는 것이 중요합니다. 여기에 더해 아이의 읽기 지능을 더욱 향상할 수 있도록 효과적인 어린이 잡지 활용법도 소개하겠습니다.

📖 월간 일기 쓰기

잡지를 읽고 월간 일기를 쓰게 해주세요. 이번 달 잡지에서 가장 좋았거나 인상 깊었던 내용을 일기 형식으로 정리해 보는 겁니다. 읽은 내용을 잘 담는 것이 중요하지만 아이가 긴 글을 부담스러워한다면 짧게 나누어 써도 좋습니다. 또는 이번 달 잡지에서 좋았던 내용으로 대화를 나누는 것만으로도 충분합니다.

📖 나만의 한 장 잡지 만들기

한 장짜리 '나만의 잡지'를 만들어 보세요. A4용지나 종합장을 준비한 다음, 읽은 잡지에서 마음에 든 내용만 골라 페이지를 구성하는 겁니다. 경제, 역사, 과학 등 주제별로 선을 그어 정리해도 좋고, 선택한 내용의 특징을 고려해 자유롭게 구성해도 좋습니다. 매월 한 장씩 만들면 1년에 12장의 나만의 잡지가 완성됩니다. 이 활동을 하다 보면 잡지를 정독하고 글로 정리하는 습관이 생겨 읽기 지능은 물론 글쓰기 실력도 좋아질 거예요.

📔 잡지 스크랩하기

직접 글로 정리하기가 부담스럽다면 마음에 드는 내용만 오려서 스크랩해도 좋습니다. 다만 잡지 내용을 오려 붙이다 보면 생각보다 큰 지면이 필요할 수 있으니 A4용지보다는 큰 스케치북을 추천합니다. 스케치북 한 면을 적절히 구분해 잡지에서 오려둔 내용을 오밀조밀 붙여보게 하세요. 스크랩한 내용을 붙일 때 제목을 새로 붙여보면 좋습니다. 제목을 정하려고 스크랩한 내용을 집중해서 읽게 되거든요. 이렇게 스케치북을 하나씩 채워가다 보면 나만의 특별한 잡지가 완성되어 아이가 두고두고 보며 행복할 겁니다.

📖 동화 뒷이야기 쓰기

어린이 잡지에는 연재 동화가 있어서 아이들이 다음 내용이 궁금해 다음 달 잡지를 애타게 기다리기도 하죠. 그럴 때는 잡지에 포스트잇을 붙여서 아이가 직접 뒷이야기를 써보게 해주세요. 멋진 동화가 탄생할 겁니다. 또한 뒷이야기를 쓰기 위해 동화를 반복해서 읽다 보면 꼼꼼한 독서 습관이 생기면서 읽기 지능에 큰 도움이 됩니다. 특히 다음 달 잡지에 실린 동화 내용과 자신이 쓴 내용을 비교하는 재미도 있어서 잡지를 더욱 몰입해서 읽게 됩니다.

📖 잡지 독후감 쓰기

잡지를 읽고 독후감을 써볼 수도 있습니다. 독후감이라고 하면 문학이나 비문학 도서만 생각할 수 있지만 잡지도 좋은 대상입니다. 이번 달 잡지의 제목, 전체 내용 요약, 인상 깊은 부분과 그에 대한 감상, 좋았던 점과 아쉬웠던 점, 그리고 다음 달 잡지에 대한 기대 등을 담아보세요. 이렇듯 꼼꼼한 읽기 활동으로 읽기 지능이 향상됩니다.

📓 나만의 어휘 사전 만들기

어린이 잡지 한 권에는 수많은 어휘가 실려 있는데요. 그냥 스쳐 지나가면 너무 아까우니 잘 모아서 '나만의 어휘 사전'으로 만들어도 좋습니다. 어린이 잡지마다 다르지만 과학 잡지나 시사 잡지에는 수많은 시사 용어와 비문학 용어가 실려 있습니다. 학교에서 따로 배워야 할 내용을 잡지를 통해 자연스럽게 익힐 수 있죠. 작은 수첩을 준비해서 아이에게 한 페이지에 하나씩 어휘와 뜻을 정리하게 해보세요. 아무리 어려운 용어라도 글 속에서 뜻을 충분히 유추할 수 있으며, 이는 이 책의 PART 2에서 강조한 추론 능력 키우기에도 도움이 됩니다.

지금까지 다양한 읽기 자료를 활용하는 방법을 소개했습니다. 읽기 지능이 뛰어나다는 것은 책만 잘 읽는 것이 아니라 다양한 매체의 특성을 이해하고 그에 맞게 읽기 방법을 적절히 활용할 수 있다는 의미입니다. 모두 '텍스트'라는 동일한 형태이지만 어떤 매체에 어떻게 담겼느냐에 따라 읽는 목적과 방법이 달라지니까요. 이번에 배운 내용을 아이들에게 잘 적용한다면 읽기 지능 향상에 큰 도움이 될 것입니다.

신문 기사 읽기 활동

📖 학부모를 위한 읽기 활동 가이드

이 책의 마지막 활동지에는 PART 4 중반에 소개한 신문 기사 읽기 활동을 돕기 위해 다양한 주제와 형식의 신문 기사를 준비했습니다. 아이와 함께 신문 기사를 읽으면서 기사마다 특징을 파악하고, 그에 맞춘 질문에 답할 수 있게 도와주세요. 이 과정을 여러 번하다 보면 아이는 신문 기사를 체계적으로 읽는 방법을 익힐 겁니다. 더 나아가 정독하는 습관을 기르고 세상을 보는 눈을 키울 수 있습니다.

서울의 한 무인 아이스크림 가게에서 최근 과자를 훔쳐간 범인이 잡혔다. 30대 남성인 이 범인을 가게 주인이 직접 잡았다고 한다.

범인은 해당 가게에서 과자를 비롯해 여러 먹을거리를 훔치려다 가게 주인에게 들켰다. 가게 주인은 최근 도난 사건이 계속 발생하자 범인이 또 나타날 것이라고 예상하고 가게 근처에 대기하고 있었다. 한참 기다린 끝에 범인을 발견하고 즉시 경찰에 신고해서 범인을 잡을 수 있었다.

무인 가게는 가게 주인이 머물러 있지 않은 경우가 많아 도난 사건이 잦다. CCTV로 확인하더라도 현장에 도착하면 범인이 이미 달아난 후여서 잡기가 쉽지 않다. 또한 피해 금액이 크지 않아 경찰에 신고해도 적극적으로 잡아주려고 하지 않는 경우도 있다.

이번에 잡힌 범인은 그동안 훔친 물건과 피해 금액에 대해 조사를 받고 있다.

누가 등장하나요?
(어떤 사건이 있었나요?)

어떤 일이 있었나요?

왜 이런 일이
일어났나요?

사건의 결과는
어떠했나요?

2025년도 최저임금이 시간당 1만 30원으로 결정되었다. 2024년도보다 1.7% 상승한 금액으로 월급으로 환산하면 209만 6,270원이다.

최저임금이란 근로자가 법적으로 보장받아야 하는 최소한의 임금이다. 1988년 최저임금제도 도입 이후 처음으로 1만 원을 넘어섰다. 최저임금이 높아지면 일부 회사들은 직원을 줄이거나 일하는 시간을 조정할 수도 있다. 회사를 운영하는 입장에서는 부담이 될 수 있기 때문이다. 하지만 모든 사업주는 법적으로 최저임금을 준수해야 한다.

이번 최저임금 결정 과정에서는 단체 간 이견이 없었다고 한다. 2020년 이후 4년 만의 일이다. 이번 최저임금은 처음 1만 원을 넘었지만 인상률은 역대 두 번째로 낮다. 그 때문에 물가 인상을 고려하지 못했다는 지적이 나오고 있다.

정부는 2025년 최저임금제도를 널리 알리는 한편, 기업들이 이를 잘 지키는지 지켜볼 예정이다.

어떤 정책이
바뀌었나요?

이전과 어떻게
달라졌나요?

바뀌게 된 이유는
무엇인가요?

이 정책에 대한
비판이나 의견은
무엇인가요?

최근 대한민국에서는 저출산 문제가 큰 사회적 이슈가 되고 있다. 저출산은 사람들이 아이를 많이 낳지 않아서 국가의 인구가 줄어드는 현상을 말한다. 2023년 통계청 자료에 따르면 한국의 출생아 수는 20만 명 아래로 떨어졌다. 이런 현상이 계속되면 유소년 인구는 감소하고 노인 인구는 크게 늘어나 나라의 미래에 큰 영향을 미칠 수 있다.

전문가들은 저출산 문제 해결을 위한 다양한 방법을 제안하고 있다. 경제학자들은 사람들이 아이를 낳을 수 있도록 지원을 강화해야 한다고 말한다. 예를 들어 육아휴직을 더 길게 주거나 아이를 키우는 가정에 더 많은 도움을 주는 방법이 필요하다고 본다. 또한 전문가들은 정부가 청년들에게 안정된 일자리를 지원해야 한다고 강조한다. 저출산 문제는 단순한 인구 문제가 아니라 사회 전반에 영향을 미치는 중요한 문제이기 때문이다.

어떤 현상이나 상황을
소개하고 있나요?

누가 조사한(어디에서
발표한) 내용인가요?

이에 대한 전문가
의견은 무엇인가요?

신문 읽기 4

최근 기후 변화가 전 세계적으로 큰 문제로 떠오르고 있다. 기후 변화는 지구의 날씨가 점점 더 극단적으로 변하는 현상이다. 여름에는 더욱 더워지고, 겨울에는 더욱 추워지는 등 날씨가 예전보다 크게 달라졌다. 자동차와 공장에서 나오는 오염물질이 대기를 덥히고 있기 때문이다.

기후 변화로 인해 해수면이 상승하고 일부 지역에서는 홍수나 가뭄이 발생하고 있다. 이러한 변화는 우리의 일상생활에 큰 영향을 미칠 수 있다. 전문가들은 기후 변화를 막기 위해 대중교통을 이용하고 재활용을 실천하는 등 작은 노력이 필요하다고 말한다. 우리 모두의 작은 실천이 기후 변화에 대응하는 중요한 첫걸음이 될 것이다.

어떤 정보를
소개하고 있나요?

가장 핵심적인 내용은
무엇인가요?

다른 사람에게
도움이 될 정보는
무엇인가요?

정답

신문 읽기 1
1. 30대 남성, 가게 주인
2. 30대 남성이 무인 아이스크림 가게에서 과자 등을 훔쳤다.
3. 주인이 가게에 머무르지 않아서
4. 경찰에 잡혀서 조사를 받고 있다.

신문 읽기 2
1. 최저 임금 정책
2. 1.7% 상승해서 시간당 1만 30원이 되었다.
3. 노동자 권리를 보호하기 위해
4. 물가 인상을 고려하지 못했다는 지적이 있다.

신문 읽기 3
1. 저출산 문제
2. 통계청
3. 저출산 문제를 해결하기 위해 여러 노력을 해야 한다.

신문 읽기 4
1. 기후 변화
2. 기후 변화는 일상생활에 큰 영향을 미칠 수 있다.
3. (예시) 대중교통 이용 등

읽기 지능은 우리 아이의
미래를 결정합니다

이 책을 여기까지 모두 읽었다면, 그것만으로도 정말 대단하다고 박수를 보내고 싶습니다. 최근 들어 문해력 문제가 크게 대두되고 많은 사람이 우려를 표하지만, 현장에서 일하는 저는 실질적으로 노력하는 학부모를 많이 보지 못했습니다. 그렇기에 읽기 지능과 읽기 교육의 중요성을 다룬 이 책을 완독했다는 것만으로도 의미 있는 첫걸음을 내디딘 거라 생각합니다.

이제 관건은 '실천'입니다. 다만 그 이야기를 하기 전에 뼈아프지만 꼭 짚고 넘어가야 할 이야기를 하나 하자면, 10세 이전에 읽기 지능을 높이는 데 도움을 주지 못하면 그 후에 어떤 교육적 도움을 주든 효과를 거두기 어렵습니다. 아이의 타고난 읽기 지능이 낮아서가 아닙니다. 앞서 강조했듯 읽기 지능은 가정환경과 부모의 역할이 가장 큰 영향을 미치는데, 이를 바꾸기가 쉽지 않기 때문입니다.

이 책에서 배운 내용을 먼저 실천하고 주변의 다른 학부모들, 그리고 영어와 수학에만 집중하느라 정작 중요한 읽기 지능을 놓치는 학부모들에게 꼭 알려주세요. 읽기 지능이 부족하면 영어와 수학뿐 아니라 국어도 어렵다는 사실을 말입니다. 많은 학부모가 시간이 없어서 읽기 교육을 신경 쓰지 못한다고 말하지만 사실은 정반대라는 사실도요. 즉 아이가 읽기 지능이 부족해 학습 효율이 점점 떨어지다 보니 공부 시간이 더욱 부족해지는 것입니다.

초등학생이 아무리 바쁘다고 해도 중학생이나 고등학생보다는 시간적 여유가 있습니다. 초등학생 때 읽기 지능을 갖추지 못하면 사실 그 후로는 희망을 가지기가 어렵습니다. 학업 성취는 물론이고 지혜롭고 주도적인 사회 구성원으로 살아가는 데도 분명 어려움을 겪을 것입니다. 이 책의 내용을 읽고 실천하며, 또 널리 알린다면 여러분의 자녀뿐 아니라 우리 사회의 모든 아이의 미래도 밝아지리라 확신합니다.

공부 잘하는 아이는 읽기머리가 다릅니다

초판 1쇄 발행 2025년 4월 30일

지은이 오현선
브랜드 온더페이지
출판 총괄 안대현
책임편집 정은솔
편집 김효주, 심보경, 이제호, 전다은
마케팅 김윤성
표지디자인 스튜디오 글리
본문디자인 윤지은

발행인 김의현
발행처 (주)사이다경제
출판등록 제2021-000224호(2021년 7월 8일)
주소 서울특별시 강남구 테헤란로33길 13-3, 7층(역삼동)
홈페이지 cidermics.com
이메일 gyeongiloumbooks@gmail.com(출간 문의)
전화 02-2088-1804 **팩스** 02-2088-5813
종이 다올페이퍼 **인쇄** 재영피앤비
ISBN 979-11-94508-13-7 (03370)